박지우 지음

영작문 키포인트 200

지은이 박지우
펴낸이 안용백
펴낸곳 (주)넥서스

초판 1쇄 발행 2015년 1월 10일
초판 2쇄 발행 2015년 1월 15일

출판신고 1992년 4월 3일 제311-2002-2호
121-840 서울시 마포구 양화로 8길 24
Tel (02)330-5500 Fax (02)330-5555

ISBN 979-11-5752-001-5 13740

저자와 출판사의 허락 없이 내용의 일부를
인용하거나 발췌하는 것을 금합니다.

가격은 뒤표지에 있습니다.
잘못 만들어진 책은 구입처에서 바꾸어 드립니다.

www.nexusbook.com

영작문 비법, 키포인트에 있다!
영작에 꼭 필요한 **기초문법과 팁을 배워 보자!**

영작문 키포인트 200

박지우 지음

박서스

영어를 가르치다 보면 영어 수준이 어느 정도 이상이 될 때까지 작문 공부를 미루겠다고 말하는 학생들을 자주 봅니다.

그러나 저는 그들에게 영어의 기초가 부족할수록 작문 공부부터 시작해야 한다고 말합니다. 영어 공부의 가장 핵심인 문장 구조와 형식 파악하기는 작문을 통해 가장 효율적이고 자연스럽게 학습할 수 있기 때문이죠.

뿐만 아니라, 글을 쓰다 보면 의식적으로 어휘가 늘게 되고, 맞춤법에도 더욱 신경을 쓰게 됩니다. 그래서 영작에 익숙해질수록 말하기가 편해지며, 다른 이의 생각을 듣고 읽는 것도 쉬워집니다.

영어라는 언어의 가장 기본적이고 핵심적인 원리만 파악한다면, 영작문은 어렵지 않습니다. 이 책에 등장하는 200개의 키포인트는 문장 구성의 기본원리에 관한 것입니다. 이 기본원리만 안다면 원하는 문장은 자유자재로 만들어낼 수 있습니다.

영작문 실력이 진짜 영어 실력이고 영작문 공부가 진짜 영어 공부입니다. 부족하다고, 준비가 안 되었다고 미루지 마십시오. 우선 도전해 보십시오. 이 책을 다 읽을 때쯤이면 영어가 무엇인지에 대한 큰 그림이 그려질 것입니다.

끝으로 이 책의 시작부터 끝까지 큰 도움을 주신 넥서스 편집부에 감사드리고, 부족한 필자를 위해 항상 기도하시는 부모님께 사랑한다는 말씀을 전하고 싶습니다.

영작문 잘하는 법

일반적으로 에세이 같은 영어 글은 [서론-본론-결론]의 형식을 따르며, 대개 본론을 3단락으로 나누어 전체 5개의 문단으로 구성되는 경우가 많습니다.

문장 기본 구조

서론 (Introductory paragraph)
독자의 관심을 환기시키는 문장으로 서두를 시작합니다.
앞으로 언급할 문제에 대해 간단한 아웃라인을 제시합니다.

본론 1 (Body: First paragraph)
첫 번째 문단의 **첫 번째 문장은 가장 중요한 주장**을 씁니다. 그 다음 문장부터는 예시, 인용, 증거 등 주장을 발전시키는 내용을 담습니다. 첫 번째 문단의 마지막에는 두 번째 문단으로 넘어가기 위한 이음문장(transitional hook)을 씁니다.

본론 2 (Body: Second paragraph)
두 번째 문단의 **첫 번째 문장은 두 번째로 중요한 주장**을 담습니다. 그리고 마지막은 세 번째 문단으로 넘어가기 위한 이음문장(transitional hook)을 씁니다.

본론 3 (Body: Third paragraph)
마지막 문단의 **첫 번째 문장은 가장 덜 중요하고 약한 주장**을 씁니다. 마지막에는 결론으로 넘어가기 위한 이음문장(transitional hook)을 씁니다.

결론 (Conclusion)
새로운 주제나 내용에 나와서는 안 되며 **지금까지 언급한 내용을 요약, 정리**하는데 그쳐야 합니다. 중요한 내용이 있다면 다시 한 번 더 강조를 합니다.

앞에서 제시한 문장의 기본 구조가 작문의 절대적인 규칙은 아닙니다. 글쓰기에는 수학공식처럼 정형화된 답이 없습니다. 그래서 '틀린' 글, '옳은' 글이란 존재하지 않습니다.

다만 글쓴이의 관점이 투영된 생각을 타당한 근거를 들어 정확한 어법으로 제시한다면 '좋은' 글이 만들어질 수 있습니다. 우리는 그래서 아래와 같은 글쓰기 방법론을 통해 보다 좋은 글을 쓰기 위한 노력을 기울일 필요가 있습니다.

1. 자주 읽고 자주 써 보자.

좋은 글을 쓰려면 좋은 글을 많이 읽어 봐야 합니다. 다른 이들이 쓴 글을 읽으면 내가 모르는 표현, 단어를 배울 수 있을 뿐 아니라 다양한 관점을 접할 수 있게 됩니다. 글을 읽을 때는 비판적인 자세를 견지하며 내가 글쓴이의 의견에 동의, 혹은 반대하는지, 나라면 글을 어떤 식으로 전개할 것인지를 생각하면서 읽습니다.

2. 사고력을 키우자.

글은 글을 쓴 이의 언어 실력뿐 아니라 사고력까지 고스란히 보여 줍니다. 그릇보다 그 안에 담긴 내용물이 중요하듯, 화려한 글 솜씨보다는 그 안에 담긴 콘텐츠가 더 가치 있습니다. 평소에도 논리적이고 체계적으로 사고하는 습관을 가지고, 글쓰기에 쓰일 법한 여러 가지 주제를 생각한 후, 주제와 관련된 연구 결과, 인용문, 속담, 자신의 생각 등을 연상시키려는 노력이 필요합니다.

3. 타인의 글을 베껴 써 보자.

가장 단기간에 글 솜씨를 늘릴 수 있는 방법은 베껴 쓰기입니다. 자신의 수준에 맞는 좋은 글을 반복해서 여러 번 읽고 종이에 그대로 베껴 써 보세요. 그리고 괜찮은 표현은 노트에 따로 적어서 외우세요. 본인도 느끼지 못하는 새 영작 실력이 부쩍 늘어있을 것입니다.

4. 어휘력을 늘리자.

영어는 한 번 사용된 단어를 다시 사용하는 것을 좋아하지 않습니다. 두 번 등장하는 단어는 대명사나 비슷한 뜻을 가진 다른 단어로 대체해서 씁니다. 따라서 단어를 공부할 때는 반드시 유의어, 유사표현까지 함께 묶어서 공부하도록 합니다.

5. P-E-E를 명심하자.

P-E-E는 [Point - Example - Explain]의 약자로, 작문의 가장 기본 구조입니다. 글을 쓰는 주제(Point)를 정하고, 주장을 뒷받침할 근거(Example)를 마련합니다. 이 근거는 통계, 예시, 인용문, 사례 등 어느 것이든 가능합니다. 그리고 주제와 근거 간의 관계를 충분히 설명(Explain)합니다.

6. Peer Editing을 하자.

내 글을 다른 이들과 공유하고 평가를 받도록 합니다. 여러 번 감수를 거치더라도 자신이 저지른 실수는 자기가 발견하기 힘듭니다. 이때 친구가 도움이 될 수 있습니다. 또한 peer editing은 자칫 혼자만의 독선으로 빠지기 쉬운 글에 폭넓은 시각을 제공해 줄 수 있습니다.

이제 작문을 어떻게 '잘' 할 수 있는지에 대한 방법론을 배웠으니 실전 연습에 돌입하도록 하겠습니다. 앞으로 여러분들은 영작에 있어 가장 기본적이고 핵심적인 200개의 키포인트를 공부하게 될 것입니다. 여러분을 진심으로 환영합니다. 그리고 행운을 빕니다.

이 책의 구성과 특징

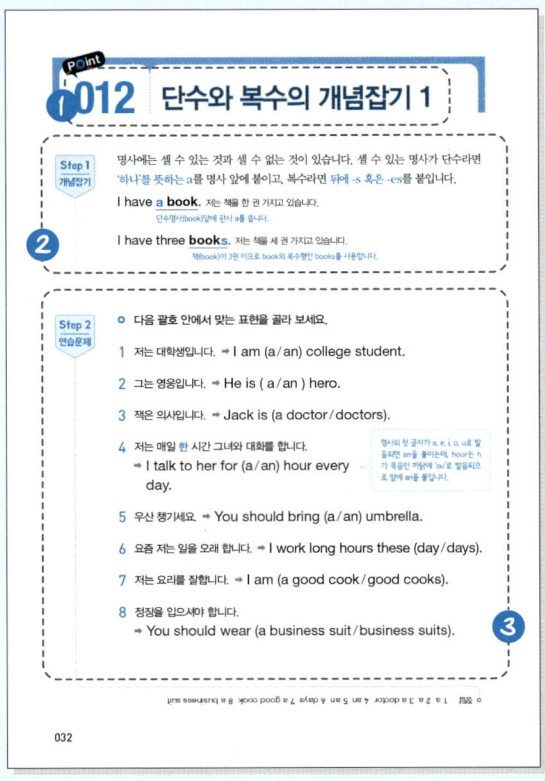

❶ 키포인트 확인하기
각각의 키포인트를 제목으로 확인해 보세요.

❷ Step 1_개념잡기
각각의 키포인트에 맞는 간결한 설명과 그에 맞는 예문으로 기본을 탄탄하게 익혀 보세요.

❸ Step 2_연습문제
설명을 참고하여 연습문제를 풀면서 영작문 키포인트를 확실히 학습해 보세요.

④ Review

배운 내용을 본격적으로 영작에 써 볼 수 있기 위해서 문제를 풀며 복습해 보세요.

⑤ 모범 답안

풀어 본 내용에 대한 답을 바로 확인하고 어떤 것이 부족한지 체크해 보세요.

<영작문 키포인트 200>의 4가지 무료 학습자료

모든 자료는 넥서스북 홈페이지에서 다운로드 받으실 수 있습니다. (www.nexusbook.com)

 단어노트 본책에 등장하는 어휘들을 따로 정리할 필요 없이 모았습니다. 모르는 어휘가 없도록 정확히 짚고 넘어가세요.

 단어퀴즈 단어노트에서 학습한 어휘를 완벽하게 학습했는지 스스로 점검해 보세요.

실전 영작 본책에서 배운 키포인트를 활용하여 영작 연습을 해 볼 수 있습니다. 배운 내용을 잘 상기하며 영작 실력을 점검해 보세요.

 녹음강의 <영작문 키포인트 200>의 저자 박지우 선생님의 귀에 쏙쏙 들어오는 녹음강의로 더욱 재미있게 학습해 보세요. 녹음강의는 팟캐스트에서도 제공됩니다.

Contents

Part 1 기초 튼튼히 쌓기

Point 001	명사 개념잡기	018
Point 002	주격 개념잡기	019
Point 003	소유격 개념잡기	020
Point 004	목적격 개념잡기	021
Point 005	be동사 개념잡기	023
Point 006	일반 동사 개념잡기	024
Point 007	조동사 개념잡기	025
Point 008	형용사 개념잡기	027
Point 009	부사 개념잡기	028
Point 010	전치사 개념잡기	029
Point 011	접속사 개념잡기	030
Point 012	단수와 복수의 개념잡기 1	032
Point 013	단수와 복수의 개념잡기 2	033
Point 014	부정관사 a/an 개념잡기	034
Point 015	정관사 the 개념잡기	035
Point 016	관사를 쓰지 않는 경우 알아보기	036
Point 017	1형식 문장 만들기	038
Point 018	2형식 문장 만들기	039
Point 019	3형식 문장 만들기	040
Point 020	4형식 문장 만들기	041
Point 021	5형식 문장 만들기	042

Part 2 기초 문장 형태 익히기

Point 022	현재에는 현재형	045
Point 023	진행 중인 일에는 진행형	046
Point 024	형태에 따라 뜻이 달라지는 현재시제	047

Point 025	현재시제로 미래 표현하기	048
Point 026	과거에는 과거형	050
Point 027	과거의 중단 사건에는 진행형	051
Point 028	시제 일치	052
Point 029	동사와 동사 사이의 to부정사	054
Point 030	동명사만 목적어로 쓰는 동사	055
Point 031	동사와 to부정사 사이의 목적어	056
Point 032	to부정사로 명사 수식하기	057
Point 033	쭉 이어져오는 일의 현재완료	059
Point 034	경험에 대해 말하는 현재완료	060
Point 035	막 끝난 일에 쓰는 현재완료	061
Point 036	현재완료와 현재진행형 합치기	062
Point 037	과거의 과거에는 과거완료	063
Point 038	아니라고 말할 때는 부정문	065
Point 039	질문이 있을 때 쓰는 의문문	066
Point 040	다른 사람의 말 인용하기	067
Point 041	인용할 때 쓰는 간접의문문	068

Part 3 고급 문장 형태 익히기

Point 042	수동태 바르게 쓰기	071
Point 043	상태를 나타낼 때 쓰는 수동태	072
Point 044	수동의 의미를 가진 능동동사	073
Point045	형용사처럼 쓰는 -ing와 p.p.	074
Point046	감정을 나타내는 동사 표현	075
Point047	비교급 만들기	077
Point048	비교급+than	078
Point049	fewer와 less 구분하기	079
Point050	더 많을 때는 more than	080
Point051	more and more의 쓰임	081
Point052	The 비교급, the 비교급	082
Point053	동등할 때는 as ~ as...	083
Point054	최고일 때는 최상급을 쓰자	085

Point055	긴 형용사의 최상급 만들기	086
Point056	두 번째, 세 번째 표현하기	087
Point057	조건을 달 때는 if	089
Point058	아닐 것 같으면 unless	090
Point059	불가능한 일에는 가정법 과거	091
Point060	불가능한 일엔 가정법 과거완료	092
Point061	소원을 빌 때는 wish	093
Point062	아닌 척할 때는 as if	094

Part 4 — 문장의 얼굴, 주어를 알자

Point063	천의 얼굴을 가진 it	097
Point064	'소비'를 표현할 때 it takes	098
Point065	'있다'를 표현할 때의 there	099
Point066	here는 주어가 될 수 없다	100
Point067	가주어 it	101
Point068	불특정 다수 표현하기	103
Point069	무생물의 의인화	104
Point070	명사 역할을 하는 동명사	105
Point071	중복되는 것 생략하기	106
Point072	캐주얼한 문장의 주어 생략	107
Point073	주어를 부연 설명하는 동격	108

Part 5 — 문장의 뼈대, 동사를 알자

Point074	조동사 must의 용법	111
Point075	조동사 should의 용법	112
Point076	조동사 can의 용법	113
Point077	조동사 could의 용법	114
Point078	조동사 may-might의 용법	115
Point079	조동사 will의 용법	117
Point080	조동사 would의 용법	118
Point081	조동사 shall의 용법	119

Point082	let의 용법	120
Point083	had better의 용법	121
Point084	used to의 용법	122
Point085	다른 사람을 시킬 때 쓰는 동사	124
Point086	동사 go의 다양한 의미	125
Point087	동사 come의 다양한 의미	126
Point088	동사 take의 다양한 의미	127
Point089	동사 get의 다양한 의미	128
Point090	동사 give의 다양한 의미	129
Point091	동사 run의 다양한 의미	131
Point092	동사 put의 다양한 의미	132
Point093	동사 do의 다양한 의미	133
Point094	반복을 막아주는 동사 do	134
Point095	동사 fall의 다양한 의미	135
Point096	동사 have의 다양한 의미	136
Point097	동사 hold의 다양한 의미	138
Point098	동사 turn의 다양한 의미	139
Point099	동사 work의 다양한 의미	140
Point100	동사 break의 다양한 의미	141
Point101	동사 need의 다양한 의미	142

Part 6 문장과 문장 연결하기

Point102	비슷한 것끼리 연결할 땐 and	145
Point103	반대를 나타낼 땐 but	146
Point104	하나만 선택할 땐 or	147
Point105	결과를 언급할 땐 so	148
Point106	이유를 나타낼 땐 because	149
Point107	문장을 이을 땐 that	150
Point108	목적과 결과의 so that	151
Point109	조건을 걸 땐 once	153
Point110	시간의 경과를 나타낼 땐 as	154
Point111	'하자마자'의 as soon as	155

Point112	동시에 진행되는 일엔 while	156
Point113	누군지 궁금할 땐 who	158
Point114	소유를 나타낼 땐 whose	159
Point115	사람이 목적어일 땐 whom	160
Point116	사람의 유형에는 those who	161
Point117	선택을 할 땐 which	163
Point118	방법이 궁금할 땐 how	164
Point119	무엇인지 물을 땐 what	165
Point120	이유가 궁금할 땐 why	166
Point121	시간을 나타낼 땐 when	167
Point122	장소를 나타낼 땐 where	168

구두점과 전치사 마스터하기

Point123	콤마(,)의 사용법	171
Point124	큰따옴표(" ")의 사용법	172
Point125	하이픈(-)의 사용법	173
Point126	대시(—)의 사용법	174
Point127	세미콜론(;)의 사용법	176
Point128	콜론(:)의 사용법	177
Point129	어퍼스트로피(')의 사용법	178
Point130	슬래시(/)와 느낌표(!)의 사용법	179
Point131	괄호(( ))와 대괄호([ ])의 사용법	180
Point132	전치사 with 제대로 쓰기	182
Point133	전치사 in 제대로 쓰기	183
Point134	전치사 at 제대로 쓰기	184
Point135	전치사 on 제대로 쓰기	185
Point136	전치사 for 제대로 쓰기	186
Point137	전치사 to 제대로 쓰기	187
Point138	전치사 from 제대로 쓰기	188
Point139	전치사 of 제대로 쓰기	190
Point140	전치사 over 제대로 쓰기	191
Point141	전치사 by 제대로 쓰기	192

Point 142	전치사 behind 제대로 쓰기	193
Point 143	전치사 off 제대로 쓰기	194
Point 144	전치사 up 제대로 쓰기	196
Point 145	전치사 down 제대로 쓰기	197
Point 146	전치사 like 제대로 쓰기	198
Point 147	특정 동사와 쓰이는 전치사	199

Part 8 네이티브 뺨치는 고급 문장 쓰기

Point 148	둘 중 하나에는 either~ or…	202
Point 149	둘 다 아니면 neither~ nor…	203
Point 150	둘 다 해당될 땐 both	204
Point 151	충분할 때는 enough	205
Point 152	이중 부정	207
Point 153	빈도를 나타내는 숫자 표현	208
Point 154	불변의 사실 강조 no matter	209
Point 155	불분명한 출처에는 allegedly	210
Point 156	even은 언제, 어떻게 쓸까	211
Point 157	무엇이든, 누구든, 언제든 ever	212
Point 158	동사로 사람 특징 표현하기	214
Point 159	동사처럼 쓰이는 명사	215
Point 160	명사의 반복을 피할 땐 one	216
Point 161	재귀대명사 바로 쓰기	217
Point 162	간결한 문장 만들기	218
Point 163	명사 같은 부사	219
Point 164	동사 같은 형용사	220
Point 165	빈도를 나타내는 부사	222
Point 166	장소를 나타내는 부사	223
Point 167	차례차례 내용 나열하기	224
Point 168	덧붙일 내용에 쓰는 부사	225
Point 169	인과관계에 쓰는 부사 표현	226
Point 170	자신의 의견을 밝힐 때	228
Point 171	언어 순화하기 (PC)	229

| Point 172 | 의문사와 to부정사의 결합 | 230 |
| Point 173 | 약어 만들기와 풀이하기 | 231 |

한국인이 혼동하는 영작 표현 바로 알기

Point 174	시간 표기하기	234
Point 175	숫자 표기하기	235
Point 176	날짜 표기하기	236
Point 177	서수 표기하기	237
Point 178	대문자 제대로 쓰기	238
Point 179	even though와 even if	240
Point 180	whether와 if	241
Point 181	until과 by	242
Point 182	for와 during	243
Point 183	before와 ago	244
Point 184	hope와 wish	246
Point 185	say, tell, speak	247
Point 186	watch, see, look	248
Point 187	rise와 raise	249
Point 188	lay와 lie	250
Point 189	overlook, neglect, ignore	251
Point 190	few와 little	253
Point 191	so와 too	254
Point 192	much, many, a lot of	255
Point 193	most, most of, almost	256
Point 194	another와 other	257
Point 195	the other와 others	258
Point 196	somebody와 anybody	259
Point 197	every day와 everyday	260
Point 198	this와 that	261
Point 199	콩글리시를 잡자 1	262
Point 200	콩글리시를 잡자 2	263

Part 1

기초 튼튼히 쌓기

- Point 001
- Point 002
- Point 003
- Point 004
- Point 005
- Point 006
- Point 007
- Point 008
- Point 009
- Point 010
- Point 011
- Point 012
- Point 013
- Point 014
- Point 015
- Point 016
- Point 017
- Point 018
- Point 019
- Point 020
- Point 021

Point 001 명사 개념잡기

Step 1 개념잡기

desk(책상), shoes(신발), child(아이), school(학교)과 같이 **사물 혹은 사람을 지칭하는 단어를 명사(noun)**라고 하며 문장에서 주어나 목적어, 보어로 사용합니다.

My **house** is your **house**.
_{house는 명사로, 각각 주어와 보어로 사용되었습니다.}

Step 2 연습문제

○ 다음 문장에서 명사를 골라 동그라미해 보세요.

1 저는 **여자 형제**가 둘 있습니다.
 → I have two sisters.

2 저는 **수학**을 공부하는 것이 즐겁습니다.
 → I enjoy studying math.

3 우리 집 근처에 **공원**이 있습니다.
 → There is a park near my neighborhood.

4 저는 기분이 좋지 않은 **날** 기분 전환을 위해 **음악**을 듣습니다.
 → I listen to music to boost me up on a bad day.

5 저는 베트남 **음식**을 좋아합니다.
 → I like Vietnamese food.

6 저는 **호주**에서 일합니다.
 → I work in Australia.

7 우리는 **경험**으로부터 배웁니다.
 → We learn from our experience.

○ 정답 1 sisters 2 math 3 park, neighborhood 4 music, day 5 food 6 Australia 7 experience

002 주격 개념잡기

Step 1 개념잡기

사람을 대신해 부르는 말, 즉 he(그), she(그녀), it(그것), they(그 사람들, 그것들), we(우리들), you(당신/당신들) 등을 인칭대명사라고 합니다. 이 인칭대명사가 문장에서 주어의 역할을 할 때 해석은 '~은/는/이/가'로 합니다.

I like Jennifer. **She** is kind. 저는 제니퍼가 좋아요. 그녀는 친절해요.

앞 문장의 Jennifer를 받기 위해 여성을 가리키는 인칭대명사의 주격 she를 사용합니다.

Step 2 연습문제

 다음 괄호 안에서 맞는 표현을 골라 보세요.

1 저는 잭을 알아요. **그는** 저희 집 근처에 살아요.
   → I know Jack. (He / She) lives near my house.

2 제인은 재능이 있어요. **그녀는** 5개국어를 구사해요.
   → Jane is talented and gifted. (It / She) speaks five languages.

3 저는 말티즈를 키워요. **그 암컷 강아지는** 털이 길어요.
   → I have a maltese. (She / They) has long fur.

4 저는 아기를 낳았어요. **그 아기는** 남자아이에요.
   → I had a baby. (It / They) is a boy.

> 1살 이하의 아기는 it으로 씁니다. 그렇지만 타인의 아기를 가리킬 때는 he/she로 받는 것이 좀 더 정중한 느낌을 줍니다.

5 엠마는 저의 친한 친구에요. **그녀는** 배려심 많고 사교성 좋은 사람이에요.
   → Emma is my close friend. (She / I) is a caring and outgoing person.

6 저는 남자 친구가 있어요. **우리는** 일주일에 적어도 한 번은 만나요.
   → I have a boyfriend. (I / We) meet each other at least once a week.

○ 정답 1 He 2 She 3 She 4 It 5 She 6 We

003 소유격 개념잡기

Step 1 개념잡기

소유의 의미를 나타내는 소유격은 명사와 함께 쓰일 수 있습니다. 일반적으로 생물은 Jack's house처럼 〈명사+'s〉를, 무생물은 City of New York처럼 〈of+명사〉로 소유를 나타내지만, 항상 이 법칙이 적용되는 것은 아니니 주의합니다. 한편, 인칭대명사를 소유격으로 사용할 때는 단어의 형태를 바꿉니다.

〈인칭대명사의 주격과 소유격〉

주격	I	you	he	she	it	they	we
소유격	my	your	his	her	its	their	our

Step 2 연습문제

○ 다음 괄호 안에서 맞는 표현을 골라 보세요.

1 저는 제 이름을 스티브로 개명했습니다.
→ I changed (her / my) name to Steve.

2 이것은 앤과 존의 집입니다.
→ This is (Ann's and John / Ann and John's) house.

3 저는 제 집을 갖고 있어요.
→ I have a house of (my / her) own.

4 이곳은 세계 최고의 식당입니다.
→ This is the (world's best / best of the world) restaurant.

5 마음 깊이 사과드립니다.
→ I am sorry from the (bottom's / bottom of) my heart.

6 저희 학교는 평판이 좋습니다.
→ (My / Me) school has a good reputation.

정답 1 my 2 Ann and John's 3 my 4 world's best 5 bottom of 6 My

004 목적격 개념잡기

Step 1 개념잡기

목적격은 타동사의 뒤나 전치사의 뒤에 오는 명사로, 타동사 뒤에서는 '~을/를', 전치사 뒤에서는 '~에게'로 해석합니다. 일반명사라면 목적격 자리에 오더라도 형태가 변하지 않지만 인칭대명사라면 목적격 자리에 목적격 형태를 별도로 사용합니다.

〈인칭대명사의 주격과 목적격〉

주격	I	you	he	she	it	they	we
목적격	me	you	him	her	it	them	us

Step 2 연습문제

 다음 괄호 안에서 맞는 표현을 골라 보세요.

1 저는 **당신을** 사랑해요. ➡ I love (you / your).

2 저는 **그것을** 어제 샀어요. ➡ I bought (it / its) yesterday.

3 친구들이 **우리 집을** 방문했습니다. ➡ My friends visited (my / me).

4 이것은 **당신을** 위한 것이에요. ➡ This is for (you / yours).

5 저는 오늘 **꽃을** 받았어요. ➡ I got (flowers / flower's) today.

6 그녀는 **저를** 저녁 식사에 초대했어요. ➡ She invited (I / me) to dinner.

7 저는 **그를** 존중해 줍니다. ➡ I treat (he / him) with respect.

8 저는 **그에게** 거짓말을 했습니다. ➡ I lied to (he / him).

9 그는 **제게** 뉴욕 시를 구경시켜 주었습니다.
➡ He showed (I / me) around New York.

정답 1 you 2 it 3 me 4 you 5 flowers 6 me 7 him 8 him 9 me

Review

다음 괄호 안의 대명사를 문맥에 맞게 바꿔 보세요.

1 그녀를 봐. ➡ Look at (she).
   hint 전치사 다음에는 목적격이 옵니다.

2 저는 그의 노래가 좋아요. ➡ I like (he) songs.
   hint 명사의 앞에는 소유격이 옵니다.

3 그녀는 피자를 좋아합니다. ➡ (She) likes pizza.
   hint 대명사가 주어로 사용되면 주격을 씁니다.

4 제 취미는 영화를 보는 것입니다. ➡ (I) hobby is watching movies.
   hint 문장의 주어는 '나'가 아닌 나의 '취미'이기 때문에 '취미'의 소유격을 나타내는 단어를 씁니다.

5 저는 항상 그의 생각을 합니다. ➡ (I) think about (he) all the time.
   hint 전치사 다음에는 목적격이 옵니다.

6 저는 제 인생이 싫어요. ➡ (I) hate (I) life.
   hint 명사의 앞에는 소유격이 옵니다.

7 그는 파티를 좋아합니다. ➡ (He) likes parties.
   hint 대명사가 주어로 사용되면 주격을 씁니다.

8 그녀는 본인의 몸매를 뽐냅니다. ➡ (She) is showing off (she) body.
   hint 명사의 앞에는 소유격이 옵니다.

9 그녀는 저의 친한 친척입니다. ➡ (She) is a close relative of mine.
   hint 대명사가 주어로 사용되면 주격을 씁니다.

10 그는 저의 남자 형제입니다. ➡ (He) is (I) brother.
   hint 대명사가 주어로 사용되면 주격을 씁니다.

모범 답안

1 her 2 his 3 She 4 My 5 I, him 6 I, my 7 He 8 She, her 9 She
10 He, my

005 be동사 개념잡기

Step 1 개념잡기

be동사는 주어의 상태를 설명하는 동사로, 뒤에 형용사나 명사가 따라옵니다. be동사는 주어와 시제에 따라 5가지 종류가 있는데, 우선 현재형인 am, are, is에 대해 공부해 보겠습니다.

〈be동사의 현재형〉

나는 ~입니다	I am…(=I'm…)	당신은 ~입니다	You are… (=You're…)
그는 ~입니다	He is…(=He's…)	그녀는 ~입니다	She is… (=She's…)
그것은 ~입니다	It is…(=It's…)	우리는 ~입니다	We are… (=We're…)
그들은 ~입니다	They are… (=They're…)	(그 외)는 ~입니다	…is(…'s)

Step 2 연습문제

○ 다음 괄호 안에서 맞는 표현을 골라 보세요.

1 저는 여기에 있습니다. ➔ I (is / am) here.

2 그녀는 저의 여자 형제입니다. ➔ She (is / am) my sister.

3 그것은 저의 책입니다. ➔ It (is / am) my book.

4 당신은 의사입니다. ➔ You (am / are) a doctor.

5 그는 배가 고픕니다. ➔ He (am / is) hungry.

6 날씨가 좋습니다. ➔ The weather (are / is) nice.

7 저는 항상 행복합니다. ➔ I (am / are) always happy.

8 그녀는 수학을 잘합니다. ➔ She (am / is) good at maths.

○ 정답 1 am 2 is 3 is 4 are 5 is 6 is 7 am 8 is

Point 006 일반 동사 개념잡기

Step 1 개념잡기

일반 동사는 달리거나 일하는 것과 같은 '행위'를 나타내며, be동사와 마찬가지로 주어와 시제에 따라 그 형태가 변합니다. 주어가 3인칭이면서 동시에 단수라면 동사 뒤에 -s를 붙입니다.

enjoy → enjoys, delay → delays, come → comes

반면 동사의 마지막 알파벳이 -ch, -sh, -s, -x, -o로 끝나면 -es를 붙이고(예 watch → watches), 〈자음+y〉로 끝나는 동사는 -y를 -i로 고치고 -es를 붙입니다(예 fly → flies).

Step 2 연습문제

○ 다음 괄호 안에서 맞는 표현을 골라 보세요.

1 저는 수영을 **좋아합니다**. → I (enjoy / enjoys) swimming.

2 그는 피아노를 **칩니다**. → He (play / plays) piano.

3 그녀는 저를 **걱정합니다**. → She (worrys / worries) about me.

4 그는 하루에 10시간을 직장에서 **보냅니다**.
→ He (spends / spendes) 1 hours per day at work.

5 그 바지는 당신에게 잘 **어울려요**.
→ The pants (look / looks) good on you.

6 그들은 매일 TV를 5시간 **봅니다**.
→ They (watch / watches) five hours of TV every day.

7 존 도가 노벨상을 **수상했습니다**.
→ The Nobel Prize (go / goes) to John Doe.

○ 정답 1 enjoy 2 plays 3 worries 4 spends 5 look 6 watch 7 goes

007 조동사 개념잡기

Step 1 개념잡기

동사에 가능성, 추측 등의 의미를 덧붙여 주고 싶을 때 조동사를 사용합니다. 조동사는 연달아서 2개 이상 넣을 수 없으며, 뒤에는 동사의 원형을 사용합니다.

I **will** have to make tough decisions. 저는 힘든 결정을 내려야 할 것입니다.
조동사(will, must)를 연속으로 쓸 수 없어 must와 같은 의미인 have to로 대치합니다.

Step 2 연습문제

○ 다음 괄호 안에서 맞는 표현을 골라 보세요.

1 그녀는 생각을 바꿀 거예요.
→ She (will / wills) change her mind.

2 금방 당신에게 연락드리겠습니다.
→ I will (get / be going to get) back to you shortly.

3 저는 강아지와 고양이 중에서 고를 예정입니다.
→ I will (choose / chose) between a dog and a cat.

4 우리의 미래는 스스로 결정할 수 있어야 합니다.
→ We (must can / must be able to) decide our own future.

5 선생님의 말을 잘 들어야 합니다.
→ You (should / shoulds) listen to your teachers.

○ 정답 1 will 2 get 3 choose 4 must be able to 5 should

Review

다음 괄호 안에서 맞는 표현을 골라 보세요.

1 저는 그를 있는 그대로 좋아합니다. ➡ I (like / likes) him the way he (is / are).
   hint 주어가 3인칭 단수(he, she, it)가 아니라면 현재형 동사의 원형을 씁니다.

2 그는 경험이 많습니다. ➡ He (has / have) a lot of experience.
   hint have의 복수형은 haves가 아닌 has입니다.

3 저는 강아지 두 마리를 키웁니다. ➡ I (has / have) two dogs.
   hint 주어가 3인칭 단수(he, she, it)가 아니라면 현재형 동사의 원형을 씁니다.

4 말을 가려서 해야 합니다.
   ➡ You must (choose / choosing) your words carefully.
   hint 조동사인 must나 should 뒤에는 동사의 원형을 씁니다.

5 저는 모든 것이 지겨워요. ➡ I (be / am) bored of everything.
   hint be동사는 주어가 I이고 현재시제일 때 am을, 주어가 3인칭 단수이고 현제시제일 때 is를 씁니다.

6 다음 질문에 대답을 할 수 있어야 합니다.
   ➡ You (must can / must be able to) answer the following questions.
   hint 조동사는 두 개를 연달아 쓸 수 없습니다.

7 그녀는 남편과 휴가를 즐기고 있습니다.
   ➡ She (enjoy / enjoys) vacation with her husband.
   hint 주어가 3인칭 단수인 she이므로 enjoy에 s를 붙여 enjoys를 씁니다.

8 저의 아기는 15개월입니다. ➡ My baby (am / is) 15 months old.
   hint be동사는 주어가 I이고 현재시제일 때 am을, 주어가 3인칭 단수이고 현제시제일 때 is를 씁니다.

9 우리는 인종차별에 대해 지속적으로 이야기해야 할 필요가 있습니다.
   ➡ We (need / needs) to keep talking about racism.
   hint 주어가 3인칭 단수(he, she, it)가 아니라면 현재형 동사의 원형을 씁니다.

모범 답안
1 like, is   2 has   3 have   4 choose   5 am   6 must be able to   7 enjoys
8 is   9 need

형용사 개념잡기

Step 1 개념잡기

명사를 수식하거나, 동사 뒤에서 서술어 형식으로 보충 설명을 해 주는 품사를 형용사라고 합니다.

I work with **smart** people. 저는 똑똑한 사람들과 함께 일합니다.
　명사(people) 앞에서 명사를 수식합니다.

You look **pretty** today. 당신 오늘 예뻐 보입니다.
　동사(look) 뒤에서 동사를 서술해 줍니다.

Step 2 연습문제

 다음 괄호 안에서 맞는 표현을 골라 보세요.

1 잭은 똑똑합니다. → Jack is (smart / smartly).

2 샐러드는 건강한 음식입니다. → Salad is (healthy / a health).

3 저는 느리게 일하는 편입니다. → I work at a (slow / slowly) pace.

4 이 꽃들은 예쁩니다. → These flowers are (beauty / beautiful).

5 저는 슬픕니다. → I am feeling (sad / sadness).

6 저는 항상 피곤합니다. → I am (tire / tired) all the time.

7 그 아기는 귀엽습니다. → The baby is (adore / adorable).

○ 정답　1 smart　2 healthy　3 slow　4 beautiful　5 sad　6 tired　7 adorable

Point 009 부사 개념잡기

Step 1 개념잡기

부사는 동사, 형용사, 부사, 혹은 문장 전체를 꾸미는 수식어입니다.

I run quickly. 저는 빨리 달립니다.
동사 뒤에서 동사를 수식합니다.

Luckily, I came home. 운이 좋게도 저는 집으로 왔습니다.
문장의 가장 앞이나 뒤에서 문장 전체를 수식합니다.

I like you **so much**. 저는 당신을 정말 많이 좋아합니다.
부사인 so가 또 다른 부사인 much를 수식합니다.

Step 2 연습문제

○ 다음 괄호 안에서 맞는 표현을 골라 보세요.

1. 저는 **정말** 슬픕니다. → I am (really / much) sad.

2. 그는 **항상** 늦습니다. → He is (always / most) late.

3. 제 남편은 집에 **자주 늦게** 와요.
   → My husband (often / so) comes home (late / lately).

   여기서 home 역시 '집으로'라는 뜻의 부사입니다.

4. 저는 오늘 **거의** 자동차 사고가 날 뻔 했어요.
   → I (most / almost) got into a car accident today.

5. 사람은 **일반적으로** 선합니다.
   → People (are generally / generally are) good.

6. 행복은 **항상** 좋은 것입니다.
   → Happiness is (always / so) a good thing.

○ 정답 1 really 2 always 3 often, late 4 almost 5 are generally 6 always

Point 010 전치사 개념잡기

Step 1 개념잡기

전치사는 그 자체로는 특별한 뜻을 가지고 있지 않지만 **명사와 함께 쓰여 추가 설명을 해 주는 역할**을 합니다.

I got married **to Jack**. 저는 잭과 결혼했어요.
_{전치사+명사를 덧붙여 누구와 결혼했는지의 추가 정보를 제공합니다.}

시간과 장소의 전치사로는 at((시간, 장소가) ~에), on((요일, 날짜가) ~에), by(~까지), before(~ 전에), after(~ 후에), from(~까지), to(~로) 등이 있습니다.

Step 2 연습문제

○ 다음 괄호 안에서 맞는 표현을 골라 보세요.

1 저는 밤에 일합니다. → I work (in / at) night.

2 그녀는 매일 학교에 갑니다. → She goes (at / to) school every day.

3 저는 서울 출신입니다. → I am (to / from) Seoul.

4 저는 여름에 감기에 걸렸습니다.
  → I caught a cold (in / during) the summer.

5 저는 3시에 의사와 약속이 있습니다.
  → I have a doctor's appointment (in / at) 3 o'clock.

6 저희 실수에 대해 사과를 드립니다.
  → I apologize (for / in) my mistakes.

7 저희는 9시부터 5시까지 문을 엽니다.
  → We are open (from / to) 9 a.m. (from / to) 5 p.m.

8 저는 매주 월요일마다 헬스장에서 운동합니다.
  → I work out (in / at) a gym (in / on) Mondays.

○ 정답 1 at 2 to 3 from 4 동사 during 5 at 6 for 7 from, to 8 at, on

Point 011 | 접속사 개념잡기

Step 1 개념잡기

단어와 단어, 구와 구, 절과 절, 혹은 문장과 문장처럼 **같은 품사들을 대등하게 이어 주는 역할을 하는 것을 접속사**라고 합니다. 대표적으로 어떤 것들을 대등하게 '나열'할 때 사용하는 and와 대조, 대비를 나타내는 '그러나'라는 의미의 but이 있습니다.

I like apples **and** oranges. 저는 사과와 오렌지를 좋아합니다.

He is old, **but** he looks young for his age. 그는 나이가 많지만 젊어 보입니다.

Step 2 연습문제

○ 다음 괄호 안에서 맞는 표현을 골라 보세요.

1. 서울의 여름은 덥고 습합니다.
   → Summer in Seoul is hot (and / but) humid.

2. 저는 제시카와 데이브를 만났습니다. → I met Jessica (and / but) Dave.

3. 그는 똑똑하지만 시험은 잘 못칩니다.
   → He is smart, (and / but) he doesn't do well on his test.

4. 저는 월요일, 수요일, 그리고 금요일에 일합니다.
   → I work on Mondays, Wednesdays, (and / but) Fridays.

5. 우리는 헤어졌지만 저는 여전히 전 남자 친구를 좋아해요.
   → We broke up, (and / but) I still like my ex-boyfriend.

6. 그 바다는 관광객을 많이 끌어 모으지만 지역민에게는 인기가 없습니다.
   → The beach attracts many visitors, (and / but) it is not popular with the locals.

○ 정답 1 and 2 and 3 but 4 and 5 but 6 but

Review

다음 괄호 안에서 맞는 표현을 골라 보세요.

1. 그녀는 **매우** 예쁩니다. ➡ She is (very / much) pretty.
   hint 형용사 앞 so나 very는 '매우', '아주'의 뜻입니다.

2. 그녀는 제**게** 친절해요. ➡ She is kind (to / at) me.
   hint to는 방향을 가리킵니다.

3. 우리 프로그램은 1월**에** 시작됩니다.
   ➡ Our program starts (on / in) January.
   hint in+달, 월

4. 저는 3시**에** 존**과** 약속이 있습니다.
   ➡ I have plans (to / with) John (on / at) 3 o'clock.
   hint with+사람 / at+시간

5. 그들은 집에 무사히 도착했습니다.
   ➡ They arrived home safe (and / but) sound.
   hint 부사 2개를 대등하게 연결할 때는 접속사 and를 사용하며, safe and sound는 '안전하게', '무사히'라는 의미의 관용 표현입니다.

6. 저는 감기**와** 알레르기를 구분하지 못합니다.
   ➡ I can't tell the difference between a cold (and / but) allergies.
   hint a cold와 allergies를 대등하게 연결하려면 and가 필요합니다.

7. 이 단어는 비슷하게 들리**지만** 다른 의미를 갖고 있습니다.
   ➡ These words sound similar, (and / but) have different meanings.
   hint 앞 문장과 뒷 문장이 대조되는 내용일 때는 but을 사용합니다.

8. 저는 제가 우울증이 있다는 것**을** 솔직하게 이야기합니다.
   ➡ I talk openly (with / about) my depression.
   hint about: ~에 관해

모범 답안

1 very   2 to   3 in   4 with, at   5 and   6 and   7 but   8 about

012 단수와 복수의 개념잡기 1

Step 1 개념잡기

명사에는 셀 수 있는 것과 셀 수 없는 것이 있습니다. 셀 수 있는 명사가 **단수라면 '하나'를 뜻하는 a**를 명사 앞에 붙이고, **복수라면 뒤에 -s 혹은 -es**를 붙입니다.

I have **a book**. 저는 책을 한 권 가지고 있습니다.
　　단수명사(book) 앞에 관사 a를 씁니다.

I have three **books**. 저는 책을 세 권 가지고 있습니다.
　　책(book)이 3권이므로 book의 복수형인 books를 사용합니다.

Step 2 연습문제

다음 괄호 안에서 맞는 표현을 골라 보세요.

1 저는 대학생입니다. ➡ I am (a / an) college student.

2 그는 영웅입니다. ➡ He is (a / an) hero.

3 잭은 의사입니다. ➡ Jack is (a doctor / doctors).

4 저는 매일 한 시간 그녀와 대화를 합니다.
➡ I talk to her for (a / an) hour every day.

　　명사의 첫 글자가 a, e, i, o, u로 발음되면 an을 붙이는데, hour는 h가 묵음인 까닭에 'ou'로 발음되므로 앞에 an을 붙입니다.

5 우산 챙기세요. ➡ You should bring (a / an) umbrella.

6 요즘 저는 일을 오래 합니다. ➡ I work long hours these (day / days).

7 저는 요리를 잘합니다. ➡ I am (a good cook / good cooks).

8 정장을 입으셔야 합니다.
➡ You should wear (a business suit / business suits).

정답 ◦ 1 a 2 a 3 a doctor 4 an 5 an 6 days 7 a good cook 8 a business suit

013 단수와 복수의 개념잡기 2

Step 1 개념잡기

단수와 복수를 구분할 때 그 형태를 주의해야 하는 명사들이 있습니다.

항상 단수 취급되는 단어들 (학문, 병명 등)					
Mathematics	news	gymnastics	politics	rabies	diabetes

단수와 복수의 형태가 같은 단어들					
series	means	sheep	salmon	fish	deer

복수가 되면 모양 자체가 변하는 단어들				
person → people	man → men	woman → women	foot → feet	tooth → teeth

Step 2 연습문제

다음 괄호 안에서 맞는 표현을 골라 보세요.

1 광견병은 바이러스에 의해 생기는 질병**입니다**.
  → Rabies (is / are) a viral disease.

2 5명의 **사람들이** 회의를 위해 모였습니다.
  → Five (person / people) get together for a meeting.

3 이것은 가장 영향력 있는 **여성 10명**의 리스트입니다.
  → Here is a list of the 10 most powerful (woman / women).

4 **발이** 아픕니다. → My (foot / feet) hurt.

5 4주는 긴 시간**입니다**.
  → Four weeks (is / are) a long time. *시간은 단수로 취급합니다.*

6 그녀는 **웃는 얼굴**이 예뻐요. → She has a beautiful (smile / smiles).

7 **가구**를 인터넷에서 살 수도 있습니다.
  → You can buy (furniture / a furniture) online.

○ 정답 1 is 2 people 3 women 4 feet 5 is 6 smile 7 furniture

Point 014 부정관사 a/an 개념잡기

Step 1 개념잡기

a나 an은 일반적으로 대화를 나누는 사람 사이에 **처음으로 등장하는 단수명사 앞에 쓰이거나 대표적인 사물이나 사람을 가리킬 때도** 사용됩니다.

I need to see **a** doctor. 저는 의사를 봐야겠어요.
　　관사 a가 쓰여 일반적인 의사를 두루뭉술하게 지칭합니다.

A dog is **a** man's best friend. 개는 인간에게 가장 친한 친구입니다.
개 한 마리, 사람 한 명을 가리키는 것이 아니라 일반적인 개와 사람을 통틀어서 지칭합니다.

Step 2 연습문제

○ 다음 중 부정관사 a/an을 써야 하는 부분을 골라 보세요.

1 저는 차가 두 대예요. ➡ I have ____ two cars.

2 오늘 예쁜 여자를 보았습니다. ➡ I saw ____ pretty girl today.

3 저는 일주일에 7일 학교에 갑니다.
　➡ I go to ____ school seven times ____ week.

4 어떤 여자가 당신에게 전화했었어요. ➡ ____ lady called you.

5 저는 일주일에 한 번 기타를 칩니다.
　➡ I play ____ guitar once ____ week.

　　　　　　　　　　　　　　　　a/an에는 '~마다'라는 의미가 있습니다.

6 훌륭한 선생님은 훌륭한 학생이기도 합니다.
　➡ ____ good teacher is ____ good student.

7 그는 진정한 영웅입니다. ➡ He is ____ true hero.

8 중요한 결정을 혼자 내려서는 안 됩니다.
　➡ ____ person should never make ____ important decision alone.

○ 정답 1 X 2 a 3 X, a 4 a 5 X, a 6 a, a 7 a 8 a, an

Point 015 정관사 the 개념잡기

Step 1 개념잡기

처음 나온 단수명사 앞에는 a/an을 쓰고 동일 명사가 두 번 이상 등장하면 the를 씁니다. 이처럼 the는 구체적인 대상을 콕 찍어 가리킬 때 사용되는 정관사입니다. 또한 the는 태양(sun), 달(moon), 특정 지명 등 유일한 대상의 앞에서 관습적으로 사용됩니다.

A Did you know Jack published **a** book? 잭이 책 낸 거 아세요?
   book이 대화에 처음 등장하며 단수이므로 관사 a를 붙입니다.

B Yes, I read **the** book. 네, 그 책 읽어봤어요.
   앞에 나온 book이 또 다시 대화에 등장하므로 a 대신 the를 명사 앞에 붙여 줍니다.

Step 2 연습문제

○ 다음 중 정관사 the를 써야 하는 부분을 골라 보세요.

1. 미시시피 강은 10주를 흐릅니다.
   → _____ Mississippi River runs through 10 states.

2. 저는 같은 차를 두 번 샀습니다.
   → I bought _____ same car twice.

3. 태평양은 세계에서 가장 큰 바다입니다.
   → _____ Pacific Ocean is the world's largest body of _____ water.

4. 저는 미국에서 왔습니다.
   → I am from _____ United States of _____ America.

5. 저는 한국에서 왔습니다. → I am from _____ Korea.

6. 저는 아침 일찍 일어납니다. → I get up early in _____ morning.

7. 그녀는 런던에서 태어났습니다.
   → She was born in _____ London.

정답 1 the 2 the 3 the, X 4 the, X 5 X 6 the 7 X

Point 016 관사를 쓰지 않는 경우 알아보기

Step 1 개념잡기

사람 이름과 같은 고유 명사 앞, 셀 수 없는 명사(blood, tea, coffee, paper, water, fish, meat 등) 앞에는 관사를 쓰지 않습니다. 단, 셀 수 없는 명사라 할지라도 대화 당사자끼리 알고 있는 명사를 언급할 경우 the를 붙일 수 있습니다

I met **Jack** yesterday. 저는 어제 잭을 만났습니다.
_{사람 이름 앞에는 무관사}

I drink **water** before I go to sleep. 저는 자기 전에 물을 마십니다.
_{셀 수 없는 명사는 관사 없이 사용됩니다.}

Step 2 연습문제

○ 다음 중 관사를 써야 할 곳과 쓰지 않아야 할 곳을 골라 보세요.

1. 젠은 저의 친구입니다. ➡ _____ Jen is my friend.

2. 커피는 인기 있는 음료입니다.
   ➡ _____ Coffee is _____ popular drink.

3. 저는 서울에 삽니다. ➡ I live in _____ Seoul.

4. 저는 고기를 먹어요. ➡ I eat _____ meat.

5. 우리는 매주 월요일 회의를 합니다.
   ➡ We have _____ meeting on _____ Mondays.

6. 저는 커피가 좋습니다. ➡ I like _____ coffee.

7. 그녀의 이름은 아만다입니다. ➡ Her name is _____ Amanda.

8. 저는 파리에 가본 적이 있습니다. ➡ I have been to _____ Paris.

9. 불편을 끼쳐 드려 죄송합니다.
   ➡ I am sorry about all _____ inconvenience.

정답 1 X 2 X, a 3 X 4 X 5 a, X 6 X 7 X 8 X 9 the

Review

다음 괄호 안에서 맞는 표현을 골라 보세요.

1 저는 도쿄에서 한국어를 가르칩니다. ➡ I teach (a/X) Korean in Tokyo.
   hint a Korean은 한국 사람 1명이고 Korean은 한국어입니다.

2 저는 피아니스트예요. ➡ I am (a/an) pianist.
   hint pianist의 주체는 '나' 한사람이므로 관사 a를 사용합니다.

3 그녀는 필리핀에 삽니다. ➡ She lives in (the/X) Philippines.
   hint the Philippines과 같이 특정 국가는 국가명 앞에 the를 항상 붙입니다.

4 저는 **물고기를** 두 마리 잡았습니다. ➡ I caught two (fish/fishes).
   hint fish는 일반적으로 단수형으로 쓰지만 특정한 종(species)에 대해 말할 때는 복수형으로 씁니다.

5 저는 두 가지 다른 종류의 **물고기를** 먹었습니다. ➡ I ate two different (fish/fishes).
   hint fish는 일반적으로 단수형으로 쓰지만 특정한 종(species)에 대해 말할 때는 복수형으로 씁니다.

6 많은 **여성들이** 엔지니어링 산업에 종사합니다.
   ➡ Many (woman/women) are working in the engineering industry.
   hint many는 '많은'을 뜻하므로 단수형인 woman이 아니라 복수형인 women을 씁니다.

7 수학은 문제 해결 기술**입니다**.
   ➡ Mathematics (is/are) the art of problem solving.
   hint 학문명은 단수 취급합니다.

8 **남자는** 연령을 불문하고 축구 경기 시청을 좋아합니다.
   ➡ (Man/Men) of all ages like watching (the/X) soccer.
   hint man의 복수형은 men이며 운동명 앞에는 관사 the를 쓰지 않습니다.

9 우리는 동시에 도착했습니다. ➡ We arrived at (the/X) same time.
   hint at the same time에서와 같이 same(같은)의 앞에는 항상 the를 씁니다.

모범 답안

1 X 2 a 3 the 4 fish 5 fishes 6 women 7 is 8 Men, X 9 the

Point 017 | 1형식 문장 만들기

Step 1 개념잡기

영어 문장 5형식 중 가장 기본적인 1형식은 〈주어+동사〉의 형태입니다. 1형식에서 사용되는 동사는 단독으로 쓰여도 상황을 잘 설명할 수 있기 때문에 스스로 자(自)를 써서 자동사라고 부르며, 그 예로 arrive, work, rise, live, happen, speak 등이 있습니다.

I arrived. 저는 도착했습니다.
주어+동사만으로 완전한 문장이 만들어졌습니다.

Step 2 연습문제

○ 다음 괄호 안에서 맞는 표현을 골라 보세요.

1. 저는 **수영을 합니다**. ➡ I (swim / swimming).

2. 저는 서울에 **삽니다**. ➡ I (live / live in) Seoul.

3. 저는 ABC 회사에서 **일합니다**.
   ➡ I (work / work for) ABC Company.

   〈주어+1형식 동사〉 뒤에 〈전치사+명사〉 혹은 〈부사〉로 설명을 덧붙여도 됩니다. 이때 전치사나 부사는 문장 형식에 영향을 주지 않습니다.

4. 그는 느리게 **말합니다**. ➡ He (speak / speaks) slowly.

5. 태양이 **뜹니다**. ➡ The sun (rises / raises).

6. 수업은 9시에 **시작해서** 3시에 끝납니다.
   ➡ My class (begin / begins) at 9 a.m. and finishes at 3 p.m.

7. 저는 학교에서 열심히 **공부합니다**.
   ➡ I (study / studies) hard in school.

8. 그는 빨리 **달립니다**. ➡ He (run / runs) fast.

9. 저는 그냥 **쉬었습니다**. ➡ I just (relaxed / relaxing).

정답 ○ 1 swim 2 live in 3 work for 4 speaks 5 rises 6 begins 7 study 8 runs 9 relaxed

Point 018 2형식 문장 만들기

Step 1 개념잡기

2형식은 〈주어+동사+보어(complement)〉로 이루어진 문장입니다. 보어란, 주어나 동사만으로 문장의 뜻이 완성되지 않을 때 보충해 주는 말을 가리키며, 명사나 형용사가 주로 보어로 사용됩니다.

I am **a student**. 저는 학생입니다.

I am **smart**. 저는 똑똑합니다.
형용사도 2형식 동사의 불완전한 의미를 완성해줄 수 있습니다.

> 이처럼 뒤에 보어를 필요로 하는 동사로는 be, become, seem, get, come, go, turn 등의 상태동사나 look, feel, smell, taste, sound와 같이 오감에 관련된 지각동사들이 있습니다.

Step 2 연습문제

○ 다음 괄호 안에서 맞는 표현을 골라 보세요.

1 오늘 멋있어 **보여요**. ➡ You (look / is) good today.

2 저는 기분이 **좋아요**. ➡ I feel (great / greatly).

3 그는 의사**입니다**. ➡ He (get / is) a doctor.

4 어두워**집니다**. ➡ It (gets / feels) dark.

5 그것은 성공적으로 **판명됐어요**. ➡ It (proves / runs) successful.

6 그녀의 이름은 제니퍼**입니다**. ➡ Her name (is / comes) Jennifer.

7 그는 17살**이고** 고등학교 2학년**입니다**.
➡ He (is / goes) 17 years old and he (is / goes) a junior in high school.

8 그는 목소리가 아픈 것처럼 **들립니다**. ➡ He (grows / sounds) sick.

9 이것은 맛이 **좋습니다**. ➡ This tastes (good / well).

○ 정답 1 look 2 great 3 is 4 gets 5 proves 6 is 7 is, is 8 sounds 9 good

Point 019 3형식 문장 만들기

Step 1 개념잡기

3형식은 '~을 …하다'라는 의미로 구성된 문장입니다. 그리고 '~을'로 해석되는 명사를 목적어라고 칭합니다. 3형식에 쓰이는 동사는 항상 뒤에 명사를 목적어로 동반하며, 거의 대부분의 동사가 3형식 동사로 사용됩니다. 동사와 목적어 사이에는 전치사가 오지 않습니다.

I **have a dream**. 저는 꿈이 있습니다.

have는 '~을 가지고 있다'라는 뜻으로, 항상 뒤에 목적어가 따라와야 그 의미가 완성됩니다.

Step 2 연습문제

○ 다음 괄호 안에서 맞는 표현을 골라 보세요.

1 저는 중국 음식을 먹습니다. → I (eat / eat about) Chinese food.

2 저는 축구를 합니다. → I (play / play of) soccer.

3 저는 요가를 합니다 → I (do / do of) yoga.

'스포츠를 하다'라는 뜻으로 동사 play를 주로 쓰는데, 종류에 따라서는 do나 practice를 씁니다.

4 저는 TV를 봐요. → I (watch / watch for) TV.

5 저는 강아지를 좋아해요. → I (like / like about) dogs.

6 저는 남자 형제가 한 명 있습니다. → I (have / have with) a brother.

7 저는 집을 한 채 소유하고 있습니다. → I (own / own with) a home.

8 저는 대용량으로 식품을 구매합니다. → I (buy / buy for) food in bulk.

9 그는 제게 매일 밤 전화를 합니다.
→ He (calls / calls to) me every night.

○ 정답 1 eat 2 play 3 do 4 watch 5 like 6 have 7 own 8 buy 9 calls

020 4형식 문장 만들기

Step 1 개념잡기

4형식에는 '~에게'로 해석되는 간접목적어와 '~을'로 해석되는 직접목적어가 차례대로 등장합니다. '건네다'라는 의미의 give, send, lend, pay, owe, buy, cost 등과 '전수하다'라는 의미의 teach, tell, show 등의 동사가 4형식으로 쓰입니다.

She **gave me the bag**. 그녀는 제게 그 가방을 주었어요.
4형식 동사+간접목적어+직접목적어

Step 2 연습문제

○ 다음 괄호 안에서 맞는 표현을 골라 보세요.

1. 저에게 이유를 말해 주세요. → Please tell (I / me) why.

2. 저는 그에게 생일 선물을 주었습니다.
   → I gave (he / him) a birthday present.

3. 저는 그에게 이메일을 보냈습니다.
   → I send (an email him / him an email).

4. 당신은 제게 100달러를 빚졌어요. → You owe (me $100 / $100 me).

5. 그 자동차는 저에게 꽤 비쌌어요.
   → The car cost (my / me) an arm and a leg.

   > cost somebody an arm and a leg은 '~이 아주 비싸다'라는 뜻의 숙어입니다.

6. 네비게이션은 당신에게 가는 길을 알려 줍니다.
   → GPS tells (you directions / directions you).

7. 그녀는 제게 영어를 가르쳐 줬어요.
   → She teaches (me English / English me).

8. 세상에서 내가 최고란 걸 보여줄 거예요.
   → I will show the (world / world's) that I am the best.

○ 정답 1 me 2 him 3 him an email 4 me $100 5 me 6 you directions 7 me English 8 world

Point 021 5형식 문장 만들기

Step 1 개념잡기

5형식은 〈주어+동사+목적어+목적격 보어〉의 순으로 이루어진 문장으로, 목적어는 목적격 보어의 주체가 됩니다. 5형식에 사용되는 동사로는 find, leave, keep 그리고 뒤에서 배울 사역동사(let, get, have, make, help)가 있습니다.

He made me happy. 그는 저를 행복하게 만들었습니다.
5형식(동사+목적어+목적격 보어) : 행복한 것의 주체는 주어인 '그(he)'가 아니라 목적어인 '나(me)'가 됩니다.

Step 2 연습문제

○ 다음 괄호 안에서 맞는 표현을 골라 보세요.

1 그녀는 그에게 스티브라는 이름을 붙여 주었습니다.
   ➡ She named (him Steve / Steve him).

2 문을 열어 두세요. ➡ Please leave the door (open / opening).

3 그녀는 내게 자신의 사진을 보여 주었습니다.
   ➡ She showed (me / my) her pictures.

4 그는 우리를 안전하게 지켜 주었습니다.
   ➡ He keeps us (safe / safely).

5 저를 잭이라고 불러 주세요. ➡ Please call (Jack me / me Jack).

6 우리는 그를 한국의 대통령으로 뽑았습니다
   ➡ We had (elected / been elected) him the President of South Korea.

7 학교 친구들이 제게 욕을 합니다.
   ➡ My friends in school (call / talk) me names.

> call someone names는 '욕을 하다'라는 뜻입니다.

○ 정답 1 him Steve 2 open 3 me 4 us safe 5 me Jack 6 elected 7 call

Review

다음 괄호 안에서 맞는 표현을 고르고, 몇 형식인지 맞춰 보세요.

1. 그는 내게 훌륭한 조언을 **해 주었습니다**.
   → He (gave / bought) me excellent tips.
   hint give는 3형식 또는 4형식으로 사용됩니다. give someone tips: ~에게 조언을 해 주다

2. 사람들이 **왔다** 갑니다. → People (come / visit) and go.
   hint come과 go는 1형식 동사인 반면 visit은 3형식 동사로, 반드시 뒤에 목적어가 수반됩니다.

3. 오늘 예뻐 **보이시네요**. → You (look / feel) pretty today.
   hint look+형용사: ~하게 보이다

4. 저는 영어를 **배웁니다**. → I (learn / learn of) English.
   hint learn은 3형식 동사로, 바로 뒤에 전치사 없이 목적어를 씁니다.

5. 저를 존이라고 **불러 주세요**. → Please (call / think) me John.
   hint call someone+이름: ~를 …라고 부르다

6. 점점 어두워**집니다**. → It is (taking / getting) dark.
   hint get+형용사: ~한 상태가 되다

7. 새로운 소식을 계속 **알려 주세요**. → Please keep (me posted / posted me).
   hint keep+목적어+목적격 보어: 계속해서 ~을 …하다

8. 금연하는 것은 어렵**습니다**. → I (think / find) it difficult to quit smoking.
   hint find+목적어+목적격 보어. it은 가목적어로, 진짜 목적어인 to quit smoking 대신 사용되었습니다.

9. 그의 실패는 제게 경각심을 **주었습니다**. → His failure (hit / hit to) me hard.
   hint hit someone hard: (안 좋은 의미로) 영향을 끼치다, 경각심을 주다

10. 그녀는 사업에 **성공했습니다**.
    → She has (succeeded / succeeded in) business.
    hint succeed in: ~에 성공하다

모범 답안

1 gave, 4형식   2 come, 1형식   3 look, 2형식   4 learn, 3형식   5 call, 5형식   6 getting, 2형식   7 me posted, 5형식   8 find, 5형식   9 hit, 3형식   10 succeeded in, 1형식

Part 2

기초 문장 형태 익히기

- Point 022
- Point 023
- Point 024
- Point 025
- Point 026
- Point 027
- Point 028
- Point 029
- Point 030
- Point 031
- Point 032
- Point 033
- Point 034
- Point 035
- Point 036
- Point 037
- Point 038
- Point 039
- Point 040
- Point 041

022 현재에는 현재형

현재형이란, 동사의 **기본형을 그대로 쓰는 시제법**으로, 습관처럼 자주하는 행동이나 불변의 진리를 서술할 때 사용합니다. 단, 주어가 3인칭 단수라면 동사의 끝에 -s나 -es를 붙입니다.

I **go** to church every Sunday. 저는 매주 일요일 교회에 갑니다.

She **goes** to church every Sunday. 그녀는 매주 일요일 교회에 갑니다.
<small>3인칭 단수 주어를 사용함에 따라 동사 끝에 -s/-es를 붙입니다.</small>

○ 다음 괄호 안의 동사를 문장에 맞게 현재형으로 바꿔 보세요.

1 저는 ABC 대학을 **다닙니다**. → I (attend) ABC university.

2 그녀는 한국에서 **왔습니다**. → She (come) from Korea.

3 저는 3학년이고 영어 전공**입니다**.
→ I (be) a junior and an English major.

4 저희는 배송을 무료로 **해 드립니다**. → We (offer) free shipping.

5 저는 항상 학교에 지각을 **합니다**. → I (be) always late for school.

6 태양은 달보다 **큽니다**. → The sun (be) bigger than the moon.

○ 정답 1 attend 2 comes 3 am 4 offer 5 am 6 is

023 진행 중인 일에는 진행형

Step 1 개념잡기

현재 시점에서 진행되고 있는 동작을 묘사할 때 〈be동사+-ing〉 형태의 현재진행형을 씁니다. 현재진행형은 지금 당장, 이 순간의 동작을 묘사할 때도 쓰이지만 오늘, 이번 달, 올해 등 좀 더 긴 시간 동안 하는 일을 나타낼 때도 쓰입니다.

I **am having** a meal. 저는 밥을 먹는 중입니다.
  be동사+기본형 have+-ing

Step 2 연습문제

○ 괄호 안의 동사를 현재진행형으로 바꿔 보세요.

1 저는 TV를 보고 있어요. ➡ I (watch) TV.

2 저는 지금 수영을 하고 있어요. ➡ I (swim) now.

3 제인은 특별한 프로젝트를 맡고 있어요.
  ➡ Jane (work) on special projects.

4 저는 서울을 떠날 준비가 되어 있어요. ➡ I (prepare) to leave Seoul.

5 저는 구직 중입니다. ➡ I (look) for a job.

6 저는 현재 AB 사에서 일하고 있습니다.
  ➡ I (currently work) at AB Corporation.

7 저는 건강하게 먹으려고 노력 중입니다. ➡ I (try) to eat healthy.

○ 정답 1 am watching 2 am swimming 3 is working 4 am preparing 5 am looking 6 am currently working 7 am trying

024 형태에 따라 뜻이 달라지는 현재시제

Step 1 개념잡기

현재형은 불변의 사실이나 꾸준히 계속되는 일을, 현재진행형은 찰나의 순간에 진행되는 일을 표현합니다. 그래서 같은 동사라도 현재형으로 쓰였을 때와 현재진행형으로 쓰였을 때 다른 뜻을 담게 됩니다.

I **am thinking** about taking time off before college.
현재진행형: ~을 고려 중에 있다
저는 대학에 가기 전에 휴학을 할까 생각 중입니다.

I **think** personality matters more than looks.
현재형: ~라는 의견을 가지다
저는 외모보다 성격이 중요하다고 생각합니다.

Step 2 연습문제

○ 다음 괄호 안에서 맞는 표현을 골라 보세요.

1 저는 아이가 **있어요**. → I (have / am having) a baby.

2 저는 **임신을 했어요**. → I (have / am having) a baby.

3 이곳은 눈이 많이 **내리는 지역입니다**.
   → It (snows / is snowing) a lot here.

4 지금 **눈이 내리고 있습니다**. → It (snows / is snowing) now.

5 저는 퇴근 후에 친구를 **만날 계획입니다**.
   → I (meet / am meeting) my friend after work.

6 저는 보통 퇴근 후에 친구를 **만납니다**.
   → I usually (meet / am meeting) my friend after work.

정답 1 have 2 am having 3 snows 4 is snowing 5 am meeting 6 meet

 025 현재시제로 미래 표현하기

Step 1 개념잡기

현재형이 미래를 나타낼 때는 **습관적, 반복적으로 되풀이되는 일**을, 현재진행형이 미래 의미를 담을 때는 **일회성인 일**을 주로 표현합니다. 또한 be going to ~, be about to ~로 미래를 나타낼 수도 있습니다.

My parents **visit** me every Monday.
우리 부모님은 매주 월요일에 저를 방문하십니다.

My parents **are visiting** me this Monday.
우리 부모님은 이번 주 월요일에 저를 방문하실 겁니다.

Step 2 연습문제

○ 다음 괄호 안에서 맞는 표현을 골라 보세요.

1 저는 올해 결혼**해요**. ➡ I (get / am getting) married this year.

2 저는 내일 **떠납니다**. ➡ I (am leaving / leave) tomorrow.

3 제 비행기는 2시 **도착이에요**.
　➡ My plane (arrives / is arriving) at 2 p.m.

4 파티는 정말 재밌을 **거예요**.
　➡ The party (is / was) going to be a lot of fun.

5 2014년 NFL 시즌이 곧 시작**됩니다**.
　➡ The 2014 NFL season (is / was) about to start.

6 저는 **곧** 아빠가 됩니다. ➡ I (am / was) about to become a dad.

정답 1 am getting 2 am leaving 3 둘 다 정답 4 is 5 is 6 am

Review

다음 괄호 안에서 맞는 표현을 골라 보세요.

1 저는 매일 **운동을 합니다**. → I (exercise / exercised) every day.
   hint 찰나에 일어나는 사건이 아니라 현재의 상황이나 습관을 나타내므로 현재형을 씁니다.

2 저는 일주일에 5일 **일합니다**. → I (work / am working) five days a week.
   hint 찰나에 일어나는 사건이 아니라 현재의 상황이나 습관을 나타내므로 현재형을 씁니다.

3 저는 부잣집에서 **태어났습니다**. → I (came / come) from a wealthy family.
   hint come from은 '~의 출신이다'라는 뜻으로, 현재진행형이 아닌 현재형을 씁니다.

4 그는 **말투가** 아기 같습니다. → He (talk / talks) like a baby.
   hint 찰나에 일어나는 사건이 아니라 현재의 상황이나 습관을 나타내므로 현재형을 씁니다.

5 저는 2시간 후에 시험을 **봅니다**. → I (had / have) an exam in two hours.
   hint 미래의 사건이지만 현재형을 사용합니다.

6 가을 학기가 9월 1일에 **시작됩니다**.
   → My fall semester (bagan / begins) on Sep. 1.
   hint 미래의 사건이지만 현재형을 사용합니다.

7 지금은 점심시간입니다. → I (am taking / take) a lunch break now.
   hint 현재 일어나고 있는 일에는 현재진행형을 씁니다.

8 저는 일을 **그만둘 계획입니다**. → I (quit / am quitting) my job.
   hint I quit.은 이미 회사를 그만두었다는 뜻이지만 I'm quitting.은 그만두는 과정 혹은 계획을 나타냅니다.

9 월급날이 **다가옵니다**. → My payday (is coming / comes).

10 저는 제 일이 **좋아요**. → I (liked / like) my job.
   hint 찰나에 일어나는 사건이 아니라 현재의 상황이나 습관을 나타내므로 현재형을 씁니다.

모범 답안

1 exercise 2 work 3 come 4 talks 5 have 6 begins 7 am taking
8 am quitting 9 is coming 10 like

026 과거에는 과거형

Step 1 개념잡기

과거에 일어난 일을 나타내는 **과거형** 시제는 동사에 -ed를 붙여 만듭니다. 하지만 과거시제일 때 형태를 마음대로 바꾸는 동사들도 있으니 주의할 필요가 있습니다.

〈주의해야 할 일반 동사의 불규칙 과거형〉

원형	과거형	원형	과거형	원형	과거형
is	was	am	was	are	were
do	did	get	got	become	became
take	took	run	ran	make	made
go	went	break	broke	sleep	slept

Step 2 연습문제

○ 괄호 안의 동사를 과거형으로 바꿔 보세요.

1 저는 과속 딱지를 받았습니다. ➡ I (get) a speeding ticket.

2 저는 감기약을 먹었습니다. ➡ I (take) a cold medication.

3 그는 서울로 갔습니다. ➡ He (go) to Seoul.

4 당신은 시험을 잘 봤어요. ➡ You (do) well on your exam.

5 오늘 제 인터뷰는 잘 끝났습니다. ➡ My interview today (go) well.

6 저는 회사에 지각을 해서 해고당했습니다.
➡ I (be) late for work and (be) fired.

7 제가 컴퓨터를 고장냈습니다. ➡ I (break) my computer.

○ 정답 1 got 2 took 3 went 4 did 5 went 6 was, was 7 broke

과거의 중단 사건에는 진행형

Step 1 개념잡기

과거형이 과거의 한 시점에 연속적으로 일어난 일에 쓰인다면, **과거진행형은 어떤 '사건'으로 인해 행위가 끊기고 방해를 받은 경우**에 주로 쓰입니다. 그 '사건'이 무엇인지에 대해서는 뒤에 when 또는 while로 부연 설명을 해 주는 경우도 많습니다.

I was sleeping when she called. 그녀가 전화 걸었을 때 저는 자고 있었습니다.
잠을 자고 있는 행위가 전화로 인해 '방해'를 받을 때 과거진행형을 사용

Step 2 연습문제

○ 다음 괄호 안에서 맞는 표현을 골라 보세요.

1 운전을 하고 있는 동안 저는 통화 중이었습니다.
   → While I (was driving / am driving), I (was talking / am talking) on the phone.

2 전기가 나갔을 때 저는 티비를 보고 있었습니다.
   → I (was watching / watched) TV when the electricity (went / was going) off.

3 그가 나가자고 했을 때 저는 기분이 좋지 않았습니다.
   → I (wan't feeling / am not feel) good when he asked me to go out.

4 저는 책을 봤을 때 쇼핑을 하고 있었습니다.
   → I (was doing / did) some shopping when I (saw / was seeing) Jack.

5 어떤 사람이 집 문을 두드렸을 때 저는 저녁 준비 중이었습니다.
   → I (was cooking / am cooking) dinner when someone (knocked / knocking) on my door.

정답 1 was driving, was talking 2 was watching, went 3 wasn't feeling 4 was doing, saw 5 was cooking, knocked

Point 028 | 시제 일치

Step 1 개념잡기

시간을 나타내는 부사와 동사는 그 **시제를 일치**시킵니다. 한 문장에 어떤 동사가 두 번 이상 쓰이면 이 동사들은 같은 시제를 씁니다.

I **will** get it done by **tomorrow**. 내일까지 그것을 끝마치겠습니다.
　미래시제 조동사　　　　　　　미래를 나타내는 부사

Steve **told** me he **would** help me move.
　　　　　　　　　tell(말하다)의 과거형과 will(~일 것이다)의 과거형이 함께 사용되었습니다.
스티브는 제가 이사 갈 때 도와주겠다고 말했습니다.

Step 2 연습문제

○ 다음 괄호 안에서 맞는 표현을 골라 보세요.

1 100년 전에는 컴퓨터가 **없었습니다**.
　→ There (aren't / weren't) any computers 100 years ago.

2 5년 후에는 제 밑으로 팀을 **꾸리고 있을 거예요**.
　→ I (lead / will lead) a team under me in five years.

3 저는 요즘 좋은 공부 습관을 기르려고 **노력 중입니다**.
　→ I (am trying / was trying) to develop good study habits these days.

4 오늘은 제 생일**입니다**. → Today (is / was) my birthday.

5 저는 오늘 너무 많이 **먹었습니다**. → I (eat / ate) too much today.

6 저는 어제 콘서트에 **갔습니다**.
　→ I (go / went) to a concert yesterday.

정답 1 weren't 2 will lead 3 am trying 4 is 5 ate 6 went

Review

다음 괄호 안에서 맞는 표현을 골라 보세요.

1. 저는 고등학생이었을 때 수줍음이 많았**습니다**.
   → I (was / were) very shy in high school.
   hint 과거에 일어난 일에는 동사의 과거시제를 씁니다.

2. 수업 중에 지겨워**지면** 저는 집중을 하려고 노력합니다.
   → When I (am / was) bored in class, I try to become more focused.
   hint 자주 반복적으로 일어나는 일에는 현재시제를 씁니다.

3. 어젯밤에 잘 **잤습니다**.
   → I (sleep / slept) well last night.
   hint 과거에 일어난 일에는 동사의 과거시제를 씁니다.

4. 그녀는 **어렸을** 때 똑똑했**습니다**.
   → She (be / was) smart when she (is / was) young.
   hint 과거에 일어난 일에는 동사의 과거시제를 씁니다.

5. 제가 집에 **도착했을** 때 동생이 강아지와 **놀고** 있었습니다.
   → My brother (played / was playing) with my dog when I (get / got) home.
   hint 과거에 일어난 두 개의 사건 중 더 긴 시간에 걸쳐 일어나는 사건은 과거진행형으로 씁니다.

6. 마이크가 **전화했을** 때 저는 집에서 저녁 **준비 중이었습니다**.
   → I (cooking / was cooking) dinner at home when Mike (calling / called) me.
   hint 과거에 일어난 두 개의 사건 중 더 긴 시간에 걸쳐 일어나는 사건은 과거진행형으로 씁니다.

모범 답안

1 was   2 am   3 slept   4 was, was   5 was playing, got   6 was cooking, called

Point 029 동사와 동사 사이의 to부정사

Step 1 개념잡기

동사의 뒤에 다른 동사를 잇달아 사용할 때는 to를 삽입합니다. 이때의 〈to + 동사〉 형태를 to부정사라고 부르고, 명사처럼 사용되면서 목적어, 보어 자리에 위치할 수는 있지만 주어 자리에는 거의 쓰이지 않습니다.

I **decided to go** there. 저는 그곳에 가는 것을 결심했습니다.
동사 2개를 연달아 사용할 때는 to로 연결

Step 2 연습문제

○ 다음 괄호 안에서 맞는 표현을 골라 보세요.

1 저는 학교로 **돌아가기**로 결심했습니다.
   → I decided (going / to go) back to school.

2 제 비법은 설탕을 **넣는 것**입니다.
   → My secret technique is (to add / added) sugar.

3 그는 자신의 직업에 대해 **말해 주지** 않았습니다.
   → He refused (to tell / telling) me what his job was.

4 성공의 비결은 많은 시간과 노력을 **투자하는 것**입니다.
   → The key to success is (put / to put) a lot of time and energy.

5 저는 돈을 **아낄** 방법을 찾으려고 노력 중입니다.
   → I am trying to find ways (to save / saving) money.

6 제 인생의 목표는 백만장자가 **되는 것**입니다.
   → The goal of my life is (to be / being) a millionaire.

정답 1 to go 2 to add 3 to tell 4 to put 5 to save 6 to be

030 동명사만 목적어로 쓰는 동사

Step 1 개념잡기

아래의 동사들은 동명사(-ing)만을 목적어로 취합니다.

> enjoy, consider, keep, admit, escape, abandon, avoid, deny, mind

to부정사와 동명사 모두 목적어로 취하는 동사는 다음과 같습니다.

> like, love, start, begin, hate, continue, prefer, fear, cease, neglect, stop

Step 2 연습문제

○ 다음 괄호 안에서 맞는 표현을 골라 보세요.

1 저는 영화 **보러 가는 것**을 좋아합니다.
 → I enjoy (to go / going) to the movies.

2 저는 장기 휴직을 **하는 것**을 생각 중입니다.
 → I am considering (to take / taking) a long break from work.

3 그녀는 자기 아이에 대해서 계속 **말을 합니다**.
 → She keeps (to talk / talking) about her baby.

4 저는 혼자 **있는 것**이 좋아요.
 → I like (to be / being) alone.

5 저는 미래에 대한 **걱정**을 떨쳐버릴 수가 없습니다.
 → I can't stop (to worry / worrying) about my future.

○ 정답 1 going 2 taking 3 talking 4 둘 다 정답 5 worrying

Point 031 동사와 to부정사 사이의 목적어

Step 1 개념잡기

allow, advise, tell, teach, persuade, ask, beg, expect, help, like, want 등과 같은 동사는 뒤에 〈동사+명사(목적어)+to부정사〉의 형식을 취합니다.

I **asked my colleague to save** electricity.
  동사   +목적어   +to부정사
저는 직장 동료들에게 전기를 아껴 달라고 부탁했습니다.

Step 2 연습문제

○ 다음 괄호 안에서 맞는 표현을 골라 보세요.

1 저는 제 학생들에게 열정을 가지고 살라고 가르칩니다.
→ I teach (my students / to my students) to live with passion.

2 톰은 제가 스페인 어 배우는 것을 도와주었습니다.
→ Tom helped (me / with me) to learn Spanish.

3 저희 부모님은 제가 로스쿨에 가기를 바라십니다.
→ My parents (want me / want for me) to go to law school.

4 저는 저의 옛 연인이 돌아올 거라고 기대했습니다.
→ I expect (my ex to come back / to come back my ex).

5 저는 그녀에게 혼자 있고 싶다고 말했습니다.
→ I told (she / her) to leave me alone.

○ 정답 1 my students 2 me 3 want me 4 my ex to come back 5 her

032 to부정사로 명사 수식하기

Step 1 개념잡기

to부정사는 **명사를 수식**하거나, **목적, 결과를 나타낼 때** 사용합니다.

I have no one **to turn to**. 저는 의지할 사람이 없어요.
 to부정사가 앞의 no one을 수식합니다.

We met **to discuss** my future. 우리는 저의 미래를 의논하기 위해 만났습니다.
'~하기 위해'라는 목적을 나타냅니다.

She grew up **to be** a pianist. 그녀는 자라서 피아니스트가 되었습니다.
'~해서 …하다'라는 결과를 나타냅니다.

Step 2 연습문제

○ 다음 괄호 안에서 맞는 표현을 골라 보세요.

1. 저는 **먹을 것을** 원합니다. → I want something (eating / **to eat**).

2. 우리 가족이 저를 **만나러** 왔습니다.
   → My family came (**to see** / seeing) me.

3. 저는 **부양할** 가족이 있습니다. → I have a family (**to feed** / feeding).

4. 저는 **돈을 쓰기 위해** 법니다.
   → I make money (spend / **to spend**) it.

5. 잭은 **할** 이야기가 많아 보였습니다.
   → Jack seems to have a lot of story (**to tell** / telling).

6. 저는 눈을 **보호하기 위해** 선글라스를 씁니다.
   → I wear sunglasses (**to protect** / protected) my eyes.

○ 정답 1 to eat 2 to see 3 to feed 4 to spend 5 to tell 6 to protect

Review

다음 괄호 안에서 맞는 표현을 골라 보세요.

1. 저는 **할** 일이 없습니다.
   → I have nothing (doing / to do).
   hint to부정사는 명사 뒤에서 명사를 수식하는 형용사의 역할을 합니다.

2. 저는 미혼 **생활을** 즐기고 있습니다.
   → I enjoy (being / to be) single.
   hint enjoy 뒤에는 동명사가 옵니다.

3. 저는 제가 엄마**인 것**이 좋습니다.
   → I love (being / to be) a mom.
   hint love 뒤에는 to부정사, 동명사 둘 다 올 수 있습니다.

4. 사람은 일주일에 하루나 이틀은 쉬어**야 합니다**.
   → A person (needs to / needed to) have a day or two of rest a week.
   hint need는 뒤에 to부정사만을 취합니다.

5. 저는 지금 단 것이 **먹고** 싶습니다.
   → I want something sweet (eating / to eat) now.
   hint to부정사는 명사 뒤에서 명사를 수식하는 형용사의 역할을 합니다.

6. 저는 우리 아이들이 가진 것의 **소중함을** 알았으면 합니다.
   → I want my kids (being / to be) grateful for everything they have.
   hint 'want+목적어+to 부정사' 구문입니다.

7. 잭이 서울에서 할 만한 재밌는 일을 알려 주었습니다.
   → Jack told me some fun things (doing / to do) in Seoul.
   hint to부정사는 명사 뒤에서 명사를 수식하는 형용사의 역할을 합니다.

모범 답안

1 to do   2 being   3 being   4 needs to   5 to eat   6 to be   7 to do

Point 033 쭉 이어져오는 일의 현재완료

Step 1 개념잡기

⟨have/has+과거분사(p.p.)⟩의 형태인 현재완료는 과거에 시작된 행위가 아직도 진행 중일 때 사용합니다. 그래서 과거에 일어나 이미 끝난 일을 회상하는 과거 시제와는 그 의미가 다릅니다.

과거   Sue **lived** in Seoul for three years.
수는 서울에 3년간 살았습니다. (지금은 아님)

현재완료   Sue **has lived** in Seoul for three years.
수는 3년째 서울에 살고 있습니다.

Step 2 연습문제

○ 다음 괄호 안에서 맞는 표현을 골라 보세요.

1. 저는 최근 **바빴습니다**. ➡ I (have been/was) busy recently.

2. 저는 제이미와 오래 **알고 지낸** 사이입니다.
   ➡ I (knew/have known) Jamie for a long time.

3. 저는 이 영화를 세 번 **봤습니다**.
   ➡ I (have seen/saw) this movie three times.

4. 저는 그 책을 아직 **읽지 않았습니다**.
   ➡ I (haven't read/didn't read) the book yet.

5. 환율이 오르고 **있습니다**.
   ➡ The exchange rate (has gone/went) up.

6. 저는 요즘 티비를 지나치게 많이 **보고 있습니다**.
   ➡ I (have been watching/am watching) too much TV lately.

○ 정답   1 have been 2 have known 3 have seen 4 haven't read 5 has gone 6 have been watching

Point 034 경험에 대해 말하는 현재완료

Step 1 개념잡기

현재완료는 어떤 일에 대한 경험의 유무와 횟수를 나타낼 때 씁니다. 단순 경험 여부를 얘기하는 것이기 때문에 yesterday, last night와 같이 구체적인 시간을 가리키는 부사와는 함께 쓰일 수 없습니다.

I have been to London **once**. (O) 저는 런던에 한 번 가 봤습니다.
I have been to London **yesterday**. (X) 저는 어제 런던에 가 봤습니다.
_{구체적인 시간을 나타내는 부사는 과거형 시제에만 씁니다.}

Step 2 연습문제

다음 괄호 안에서 맞는 표현을 골라 보세요.

1. 저는 해리포터 영화를 본 적이 없습니다.
   → I (have never seen / have not seen) the Harry Potter movies.

2. 저는 일본에 가 본 적이 있습니다.
   → I (went / have been) to Japan before.

3. 저는 화장을 해 본 적이 없습니다.
   → I (have not worn / have never worn) make-up.

4. 저는 최선을 다해 본 적이 없습니다.
   → I (have never tried / never tried) to do my best.

5. 저는 뉴욕에 세 번 가 봤습니다.
   → I (have been / have gone) to New York three times.

6. 저는 술을 마셔 본 적이 없습니다.
   → I (never tried / have never tried) alcohol before.

정답 1 have never seen 2 have been 3 have never worn 4 have never tried 5 have been 6 have never tried

035 막 끝난 일에 쓰는 현재완료

Step 1 개념잡기

현재완료 시제를 사용하면 **사건이 최근에 일어났다는 뉘앙스**가 됩니다.
I **have lost** my wallet. 저는 지갑을 잃어버렸습니다.

현재완료를 써서 **일의 완수 및 완료를 강조**할 수 있습니다.
I **have** just **finished** university. 저는 막 대학을 졸업했습니다.

Step 2 연습문제

○ 다음 괄호 안에서 맞는 표현을 골라 보세요.

1 누가 제 여권을 **훔쳐갔습니다**.
  ➡ Someone (has stolen / have stolen) my passport.

2 저는 경제학 학사 학위를 **받았습니다**.
  ➡ I (have completed / completed) my bachelor's degree in economics.

3 비행기가 스톡홀름에서 막 **출발했습니다**.
  ➡ The plane (has just departed / just departed) from Stockholm.

4 프로젝트 제출 마감일이 **다가왔습니다**.
  ➡ The deadline for my project submission (has arrived / arrived).

5 저희 집 고양이를 **잃어버렸습니다**.
  ➡ My cat (has gone / went) missing.

정답 1 has stolen 2 have completed 3 has just departed 4 has arrived 5 has gone

Point 036 현재완료와 현재진행형 합치기

Step 1 개념잡기

현재완료 진행형은 〈have + been + -ing〉의 형태로 과거에 시작했지만 현재까지 이어지고 있는 사건을 구체적인 시간 부사구와 함께 사용합니다.

I **have been working** on my term paper **for a week**.
　　have been + -ing　　　　　　　　　　　시간 부사구
저는 일주일 째 학기말 리포트를 작성 중입니다.

Step 2 연습문제

다음 괄호 안에서 맞는 표현을 골라 보세요.

1 저는 여기서 두 시간째 기다리고 있습니다.
→ I (have been waiting / have waited) here for two hours.

2 존은 5년 동안 이 회사에서 일하고 있습니다.
→ John (has worked / has been working) at this company for five years.

3 저는 지난 이틀 동안 아팠습니다.
→ I (have been feeling / have felt) sick for the last two days.

4 다이애나는 최근 술을 많이 마셨습니다.
→ Diana (has been drinking / has drunk) too much lately.

5 저는 마지막 회사를 관둔 이후로 아무것도 하지 않고 있습니다.
→ I (haven't been doing / haven't done) anything since my last job.

6 최근 비가 많이 왔습니다.
→ It (has been raining / has rained) a lot lately.

정답 1 have been waiting 2 has been working 3 have been feeling 4 has been drinking 5 haven't been doing 6 has been raining

과거의 과거에는 과거완료

Step 1 개념잡기

훨씬 이전의 과거에서 비교적 최근의 과거시점까지 지속되었거나 영향을 미친 일에는 〈had+과거분사〉의 과거완료를 씁니다.

Emma **had lived** in Seoul before she **moved** to Busan.
　　　과거보다 더 과거 ➡ 과거완료　　　　　　　과거 ➡ 과거시제

엠마는 부산으로 이사하기 전까지 서울에 살았습니다.

Step 2 연습문제

○ 다음 괄호 안에서 맞는 표현을 골라 보세요.

1 저는 어젯밤 이전에는 축구를 **본 적이 없었습니다**.
  ➡ I (had never watched / had not watched) a soccer match before last night.

2 젠은 도쿄로 이사 가기 전에 일본어를 **공부했었습니다**.
  ➡ Jen (had studied / have studied) Japanese before she moved to Tokyo.

3 전날 밤 잠을 제대로 **못 자서** 피곤했습니다.
  ➡ I was tired because I (hadn't gotten / haven't gotten) much sleep the night before.

4 저는 아무 **준비를 안 했기** 때문에 수학에서 D를 받았습니다.
  ➡ I got a D in math because I (hadn't prepared / haven't prepared) myself for the test.

정답 ○ 1 had never watched 2 had studied 3 hadn't gotten 4 hadn't prepared

Review

다음 괄호 안에서 맞는 표현을 골라 보세요.

1 저는 학교를 졸업한 이후에도 **계속** 공부를 하고 **있습니다**.
  ➡ I (have kept / has kept) learning since I graduated.
  hint 과거에 시작해 지금까지 이어지고 있는 일에 현재완료를 씁니다.

2 **계속** 눈이 내리고 **있습니다**. ➡ It (have been / has been) snowing.
  hint 과거에 시작해 지금까지 이어지고 있는 일에 현재완료를 씁니다.

3 일이 잘못**되었습니다**. ➡ Things (have gone / has gone) wrong.

4 봄 학기가 **끝이 났습니다**.
  ➡ The spring semester (has finished / have finished).
  hint 이미 끝난 일을 말할 때 최근에 완료가 되었다는 느낌을 주기 위해 현재완료를 쓸 수 있습니다.

5 저는 2000년 이후로 이곳에서 **살고 있습니다**.
  ➡ I (have been living / have lived) here since 2000.
  hint 과거에 시작해 지금까지 이어지고 있는 일에 현재완료를 씁니다.

6 저는 자전거를 **타 본 경험이 없습니다**.
  ➡ I (have never ridden / have not ridden) a bicycle.

7 최근에 너무 많이 **먹었습니다**.
  ➡ I (have been eating / have eaten) too much lately.
  hint 과거에 시작해서 지금까지 이어지고 있는 일에는 현재완료를 씁니다.

8 여권이 **만료가 되었습니다**. ➡ My passport (has expired / have expired).
  hint 이미 끝난 일을 말할 때 최근에 완료가 되었다는 느낌을 주기 위해 현재완료를 쓸 수 있습니다.

9 저는 제가 돈을 모두 **잃어버린** 줄 알았습니다.
  ➡ I thought I (have lost / had lost) all my money.
  hint 주절 동사(though)와의 시제 일치를 위해 과거완료를 씁니다.

모범 답안

1 have kept   2 has been   3 have gone   4 has finished   5 have been living
6 have never ridden   7 have been eating   8 has expired   9 had lost

038 아니라고 말할 때는 부정문

Step 1 개념잡기

be동사의 부정문은 〈be+not〉으로, 일반 동사의 부정문은 〈do(does, did) not+동사원형〉으로, 조동사의 부정문은 〈조동사+not+동사원형〉으로 씁니다.

I **am not** happy. 저는 행복하지 않습니다.

She **did not**(didn't) **understand** my situation.
그녀는 제 처지를 이해해 주지 않았습니다.

She **will not**(won't) **accept** my apologies.
그녀는 제 사과를 받아 주지 않을 겁니다.

Step 2 연습문제

 다음 괄호 안에서 맞는 표현을 골라 보세요.

1 그녀는 똑똑하지 **않습니다**. → She (is not / does not) smart.

2 그는 제게 이메일 회신을 **해 주지 않았습니다**.
   → He (didn't / can't) email me back.

3 저는 종교가 **없습니다**. → I (am not / do not) religious.

4 누가 누군지 분간을 **못하겠습니다**.
   → I (am not / can't) tell who's who.

5 저는 평범하게 살고 싶지 **않습니다**.
   → I (am not / don't) want to live my life like everybody else.

정답 1 is not 2 didn't 3 am not 4 can't 5 don't

039 질문이 있을 때 쓰는 의문문

be동사 의문문은 주어와 동사의 자리를 도치시키고, 일반 동사의 의문문은 〈do(does, did)+주어+동사원형〉으로 씁니다. 그리고 조동사의 의문문은 〈조동사+주어+동사원형〉입니다.

Are you sure? 확실해요?
be동사+주어
Do you have time? 시간 있나요?
do+주어+동사원형
Can you hear me? 제 말 들려요?
조동사+주어+동사원형

○ 다음 괄호 안에서 맞는 표현을 골라 보세요.

1 잠시 이야기할 수 있나요? ➡ (Are / Can) we talk for a second?

2 결혼하셨어요? ➡ (Are / Can) you married?

3 주말 잘 보내셨어요?
➡ (Can / Did) you have a good weekend?

4 쇼핑 좋아하세요? ➡ (Do / Are) you like shopping?

5 물 좀 마실 수 있을까요? ➡ (Am / Can) I have some water?

6 저를 아세요? ➡ (Do / Can) I know you?

정답 1 Can 2 Are 3 Did 4 Do 5 Can 6 Do

040 다른 사람의 말 인용하기

Step 1 개념잡기

다른 이의 말을 직접 인용할 때는 큰따옴표 안에 넣습니다. 간접 인용할 경우에는 따옴표를 없애고 인용문 동사의 시제를 주절의 시제에 맞춰 줍니다. 반면 인용 구절이 불변의 진리인 경우에는 주절이 과거라도 동사의 현재형을 사용합니다.

He said, "Timing is everything in business."
그는 "비즈니스에서는 타이밍이 생명이야."라고 말했습니다.

He said (that) timing is everything in business.
　　　과거동사　　　　　　　불변의 진리이기 때문에 현재동사
그는 비즈니스에서는 타이밍이 생명이라고 말했습니다.

Step 2 연습문제

○ 다음 괄호 안에서 맞는 표현을 골라 보세요.

1 아담은 "집으로 돌아올 거야."라고 말했습니다.
　Adam said, "I will return home."
　→ Adam said he (will / would) return home.

2 잭은 "한국에 대해 어떻게 생각하니?"라고 물었습니다.
　Jack asked, "What do you think of Korea?"
　→ Jack asked what I (think / thought) of Korea.

3 저는 "나는 의사가 될 거예요."라고 말했습니다.
　I said, "I will become a doctor."
　→ I said I (will / would) become a doctor.

정답　1 would　2 thought　3 would

041 인용할 때 쓰는 간접의문문

Step 1 개념잡기

의문문은 하나의 독립된 문장이지만 다른 문장에서 목적어로 사용될 수도 있습니다. 의문사가 사용된 의문문을 간접의문문으로 만들려면 주어와 조동사의 어순을 도치시키면 되고, 의문사가 사용되지 않은 일반의문문은 if(whether)를 넣어 간접의문문을 만듭니다.

Please let me know **where you would like** to visit.
　　　　　　　　　의문사+주어+조동사+동사 → 의문사가 있는 간접의문문

어디에 가고 싶은지 제게 말해 주세요.

Step 2 연습문제

○ 다음 괄호 안에서 맞는 표현을 골라 보세요.

1 저는 **누가** 당신의 돈을 **훔쳐갔는지** 봤습니다.
  → I saw (who took / who did take) your money.

2 사람들은 당신이 **왜** 실수를 저질**렀는지** 궁금해할 거예요.
  → People will wonder (why you have / why have you) made mistakes.

3 저는 **제가 좋아하는 것**을 하겠습니다.
  → I'll do (what I like / what do I like).

4 당신이 저를 도와줄 **수 있는지** 궁금합니다.
  → I wonder (if / and) you can help me.

5 그는 내게 케이크를 먹겠**냐고** 물어봤습니다.
  → He asked me (if / and) I wanted to have some cake.

○ 정답　1 who took　2 why you have　3 what I like　4 if　5 if

Review

다음 괄호 안에서 맞는 표현을 골라 보세요.

1 성공이 인생에서 중요합니까? [의문문]
   → (Success is / Is success) important in life?
   [hint] be동사 의문문은 주어와 be동사의 위치를 바꿉니다.

2 당신은 다른 이들에게 어느 정도의 영향력을 미치고 있나요? [의문문]
   → How much influence (do you have / you have) on other people?
   [hint] 일반동사 의문문은 주어, 동사의 위치는 그대로 두고 주어 앞에 do동사를 사용합니다.

3 낙태를 반대하시나요, 찬성하시나요? [의문문]
   → (You are / Are you) pro-life or pro-choice?
   [hint] be동사 의문문은 주어와 be동사의 위치를 바꿉니다.

4 저는 성공을 쫓지 않습니다. [부정문]
   → I (am not seek / don't seek) success.
   [hint] 일반동사 부정문은 〈don't+동사〉, be동사 부정문은 〈be+not〉을 씁니다.

5 저는 미신을 믿지 않습니다. [부정문]
   → I (am not / don't) superstitious.
   [hint] 일반동사 부정문은 〈don't+동사〉, be동사 부정문은 〈be+not〉을 씁니다.

6 의사가 제게 암이 있다고 말했습니다. [간접 인용]
   → My doctor told me I (have / had) cancer.

7 어머니가 "오늘 저녁 집에서 먹을 거니?"라고 물어보셨습니다. [직접 인용]
   → My mother asked, "(You will be / Will you be) home for dinner tonight?"

모범 답안

1 Is success   2 do you have   3 Are you   4 don't seek   5 am not   6 had
7 Will you be

Part 3

고급 문장 형태 익히기

- Point 042
- Point 043
- Point 044
- Point 045
- Point 046
- Point 047
- Point 048
- Point 049
- Point 050
- Point 051
- Point 052
- Point 053
- Point 054
- Point 055
- Point 056
- Point 057
- Point 058
- Point 059
- Point 060
- Point 061
- Point 062

042 수동태 바르게 쓰기

Step 1 개념잡기

행위를 하는 주체가 아닌 받는 객체를 강조하고 싶을 때, 혹은 행위 자체를 강조하고 싶을 때, 원래 문장의 주체가 중요하지 않거나 불분명할 때 **객체를 주어 자리에 두는 수동태 문장**을 사용합니다. 이때 동사는 ⟨be+p.p.⟩ 형태로 표현합니다.

Someone killed Christine. 누가 크리스틴을 죽였습니다.

→ **Christine was killed (by someone).** 크리스틴이 죽임을 당했습니다.
　원문의 목적어　　+be+p.p.　　(+by+원문의 주어)

Step 2 연습문제

○ 다음 괄호 안에서 맞는 표현을 골라 보세요.

1 실수가 있었습니다. ➡ Mistakes were (making / made).

2 그녀는 공원에서 다쳤습니다. ➡ She was (injured / injure) at a park.

3 이곳에 주차를 하면 안 됩니다.
　➡ You are not (allowed / allowing) to park here.

4 그 집은 2000년에 지어졌습니다.
　➡ The house was (build / built) in 2000.

5 저는 항상 칭찬만 받았고 벌은 받아 본 적이 없습니다.
　➡ I was always (praising / praised) and never (punished / punishing).

6 언어는 어릴 때 가르쳐야 합니다.
　➡ Languages should be (teaching / taught) from an early age.

○ 정답　1 made　2 injured　3 allowed　4 built　5 praised, punished　6 taught

Point 043 상태를 나타낼 때 쓰는 수동태

Step 1 개념잡기

수동태 형태이지만 자동사 의미처럼 쓰이는 동사들이 있습니다. 예를 들어 marry는 타동사로 '~와 결혼하다'라는 의미를 갖고 있으나 결혼식을 올린 것에 초점을 두거나 결혼을 한 상태를 나타낼 때는 수동태형을 씁니다.

I **got married** in Seoul. 저는 서울에서 결혼했습니다.
≠ married, 결혼식을 올린 사실에 초점을 맞추는 경우 능동형인 marry 사용 불가

Step 2 연습문제

○ 다음 괄호 안에서 맞는 표현을 골라 보세요.

1 저는 1950년 **생입니다**. → I (bore / was born) in 1950.

2 저는 여름 내내 **집안에 갇혀 있었습니다**.
   → I (grounded / was grounded) for the whole summer.

3 저는 **기혼입니다**. → I (marry / am married).

4 앤지는 오늘 **결혼합니다**.
   → Angie (is marrying / is getting married) today.

5 존은 무릎을 다쳐서 **입원했습니다**.
   → John (is hospitalized / hospitalizes) for a knee injury.

6 우리 학교는 서울 동쪽에 **위치하고** 있습니다.
   → My school (locates / is located) on the east side of Seoul.

○ 정답 1 was born 2 was grounded 3 am married 4 is getting married 5 is hospitalized 6 is located

044 수동의 의미를 가진 능동동사

Step 1 개념잡기

수동의 의미를 지니고 있지만 능동형으로 사용되는 동사가 있는 반면, 수동태나 능동태나 모두 같은 뜻으로 사용되는 동사도 있습니다.

I **feed** a family of five. 저는 가족 5명을 부양합니다.
'먹이다', '먹을 것을 주다'라는 수동 의미의 능동동사입니다.

I have **been retired** since 2000. = I **retired** in 2000.
　　　　　　수동과 능동이 같은 의미로 쓰입니다.
저는 2000년에 은퇴했습니다.

Step 2 연습문제

○ 다음 괄호 안에서 맞는 표현을 골라 보세요.

1 이 집은 페인트칠을 **해야 합니다**.
　→ The house (needs / is needed) painting.

2 이 휴대전화는 아주 잘 **팔립니다**.
　→ This cell phone (sells / is sold) like hot cakes.

3 저는 숙제를 **다 했습니다**.
　→ I (am done / have done) with my homework.

4 저는 **모유 수유**가 안 되었습니다.
　→ I wasn't able to (breastfeed / be breastfed) my baby.

5 제 일을 **끝냈습니다**.
　→ I (am finished / have finished) with my work.

6 여름이 지났**습니다**.
　→ Summer (is / has been) gone.

○ 정답　1 needs　2 sells　3 둘 다 정답　4 breastfeed　5 둘 다 정답　6 둘 다 정답

Point 045 형용사처럼 쓰는 -ing와 p.p.

Step 1 개념잡기

-ing 형태의 현재분사나 p.p.형태의 과거분사는 look, remain과 같은 **2형식 동사의 형용사**로 쓰이는데, 동작이 능동적으로 일어났으면 현재분사를, 수동적으로 일어났으면 과거분사를 사용합니다.

You should **keep going**. 당신은 전진해야 합니다.
  스스로 가는(go) 것이므로 능동의 의미인 -ing를 사용
You **look surprised**. 당신 놀란 것처럼 보여요.
  다른 요인에 의해 놀라게 된 것이므로 수동의 의미인 p.p.를 사용

Step 2 연습문제

다음 괄호 안에서 맞는 표현을 골라 보세요.

1 신나 보이시네요. → You look (excited / exciting).

2 착석해 주세요. → Please remain (seating / seated).

3 미래에 일어날 일에 대해 무섭고 걱정이 됩니다.
  → I feel (scared / scaring) and (worrying / worried) about what will happen in the future.

4 수면 자세로 성격을 알아볼 수 있습니다.
  → Your (sleeping / slept) position may reveal your personality.

5 저는 금방 싫증을 냅니다. → I get (bored / boring) easily.

6 저는 자연의 아름다움에 압도당했습니다.
  → I was (overwhelming / overwhelmed) by the beauty of nature.

정답 1 excited 2 seated 3 scared, worried 4 sleeping 5 bored 6 overwhelmed

Point 046 감정을 나타내는 동사 표현

Step 1 개념잡기

감정을 나타내는 동사는 능동으로 쓸 때 감정을 주는 주체를 주어로, 감정을 느끼는 사람을 목적어로 취합니다.

Nothing excites me anymore. 저는 아무 것에도 흥미가 안 생깁니다.

감정동사를 수동태로 만들면 사람을 주어로 하는 문장이 완성됩니다. 감정동사의 수동태에는 동사에 따라 by, at, in, with 등이 쓰이므로 주의해야 합니다.

I am satisfied with my life. 저는 제 인생이 만족스럽습니다.

Step 2 연습문제

○ 다음 괄호 안에서 맞는 표현을 골라 보세요.

1 잭은 선물로 나를 놀라게 만들었습니다.
   → Jack (surprised / is surprised) me with a gift.

2 저는 그가 한 말에 충격을 받았어요.
   → I (shocked / was shocked) by what he said.

3 그녀는 그의 업적에 놀랐습니다.
   → She (amazed / was amazed) by his achievement.

4 당신의 폭넓은 경제학적 지식이 인상적입니다.
   → I (impressed / am impressed) with your broad knowledge of economics.

5 저는 귀사에 관심이 있습니다.
   → I (interested / am interested) in your company.

○ 정답 1 surprised 2 was shocked 3 was amazed 4 am impressed 5 am interested

Review

다음 괄호 안에서 맞는 표현을 골라 보세요.

1 오믈렛은 보통 아침으로 **먹습니다**.
   → Omelettes are usually (eating / eaten) for breakfast.
   hint 먹는 사람이 아니라 음식이 주어 자리에 나왔으므로 수동태를 씁니다.

2 저는 귀를 **뚫었습니다**. → I got my ears (piercing / pierced).
   hint 'get+명사+p.p.'는 '다른 사람에게 ~을 부탁해서 하다'는 뜻입니다.

3 존이 오스카 **수상 후보에 이름을 올렸습니다**.
   → John got (nominated / nominating) for an Oscar.

4 저는 겨울에 **태어났습니다**. → I was (bearing / born) in the winter.

5 핸드폰 **충전을 해야** 합니다.
   → My cell phone needs (charging / to be charged).

6 저는 제 일에 **만족합니다**. → I am (satisfying / satisfied) with my job.

7 그녀는 **지루한** 사람 같아 보입니다. → She looks (bored / boring).
   hint bored는 재미가 없어 지겨워하는 것이고 boring은 원래 성격이 재미가 없고 지루하다는 뜻입니다.

8 제 학생들이 **지겨워하는** 것 같습니다. → My students look (bored / boring).
   hint bored는 재미가 없어 지겨워하는 것이고 boring은 원래 성격이 재미가 없고 지루하다는 뜻입니다.

9 저는 인생이 **즐겁고 의욕적**입니다.
   → I feel (excited / exciting) and (motivated / motivating) about my life.

10 저는 요리에 **관심이 있습니다**. → I (interesting / interested) cooking.

모범 답안

1 eaten   2 pierced   3 nominated   4 born   5 둘 다 가능   6 satisfied   7 boring
8 bored   9 excited, motivated   10 interested

Point 047 비교급 만들기

Step 1 개념잡기

서로 다른 두 개를 비교할 때는 **형용사나 부사의 뒤에 -er를 달거나 앞에 more**를 붙입니다.

- 형용사/부사가 1, 2음절이면 뒤에 -er을 붙입니다.
  (예 greater, longer, stronger…)

  > 음절이란, 하나의 모음 소리를 갖는 단어로, 음절의 수는 모음 소리의 수와 같습니다.

- 3음절 이상이면 앞에 more를 씁니다.
  (예 more exciting, more beautiful, more difficult…)

- 2음절이고 y로 끝나면 y를 빼고 -ier를 붙입니다.
  (예 happier, luckier, dirtier, prettier…)

- 단어가 자음-모음-자음으로 끝나면 마지막 자음을 두 개 적고 -er을 붙입니다.
  (예 bigger…)

- 비교급 형태가 불규칙한 단어도 있습니다.
  (예 good-better, bad-worse…)

Step 2 연습문제

○ 다음 단어의 비교급 형태를 만들어 보세요.

1 fun 재미있는 ➡ _____
2 high 높은 ➡ _____
3 simple 단순한 ➡ _____
4 busy 바쁜 ➡ _____
5 easy 쉬운 ➡ _____
6 small 작은 ➡ _____
7 large 큰 ➡ _____
8 safe 안전한 ➡ _____
9 heavy 무거운 ➡ _____
10 important 중요한 ➡ _____

○ 정답 1 funner 2 higher 3 simpler 4 busier 5 easier 6 smaller 7 larger 8 safer 9 heavier 10 more important

Point 048 비교급+than

Step 1 개념잡기

〈-er+than〉 혹은 〈more+형용사/부사+than〉은 두 개를 놓고 정도의 차이를 비교하는 구문입니다. 이때 than 뒤에 비교 대상을 써 줍니다.

I am **taller than** him. 저는 그보다 키가 큽니다.
  -er than+비교 대상

경우에 따라 '형용사/부사' 대신 명사를 쓸 수도 있습니다.

Tom got **more** votes **than** me. 톰이 저보다 표를 더 많이 받았습니다.

Step 2 연습문제

○ 다음 괄호 안에서 맞는 표현을 골라 보세요.

1 저는 당신보다 훨씬 큰 문제점을 가지고 있습니다.
   → I have much (bigger / more big) problems than you.

   〉 비교급을 수식할 때는 much, far, way 등을 씁니다.

2 저는 다른 어떤 사람보다 옷에 돈을 훨씬 많이 씁니다.
   → I pay way more for clothes (than / to) anyone else.

3 사람들은 비행기 사고가 실제보다 훨씬 흔하다고 생각합니다.
   → People think plane crashes are (commoner / more common) than they actually are.

4 당신은 어떤 때보다 더 아름다워 보입니다.
   → You look (beautifuler / more beautiful) than ever.

5 저는 그보다 두 배 이상 나이가 많습니다.
   → I am (more than / less than) twice his age.

정답 1 bigger 2 than 3 more common 4 more beautiful 5 more than

fewer와 less 구분하기

더 많은 것을 가리켜 more than을 썼다면 더 적은 것에 대해서는 fewer than(셀 수 있는 것), less than(셀 수 없는 것)을 쓰고 해석은 '~보다 적은'으로 합니다. 그러나 현대 영어에서는 셀 수 있는 명사 앞에도 less than을 쓰는 경우가 많습니다.

It takes **less than** five weeks. 그것은 5주보다 적게 걸립니다.
<sub>셀 수 있는 명사 weeks 앞이지만 fewer than이 아니라 less than을 씁니다.
'5주'를 하나의 시간 묶음으로 간주하기 때문입니다.</sub>

○ 다음 괄호 안에서 맞는 표현을 골라 보세요.

1 그는 결혼한 지 2년이 채 **안 되었습니다**.
   → He has been married for (fewer / less) than two years.

2 사람들은 20년 전에 비해 차를 **덜** 구입하고 있습니다.
   → People are buying (fewer / less) cars nowadays compared to 20 years ago.

3 저는 이메일 쓰는데 시간을 **덜** 보내고 싶습니다.
   → I want to spend (fewer / less) time emailing.

4 부산은 여기서 10km도 떨어져 있지 **않습니다**.
   → Busan is (fewer than / less than) 10 km away from here.

5 절반이 **안 되는 수의** 한국인들이 스마트폰을 가지고 있습니다.
   → (Fewer / Less) than half of the Korean population own smartphones.

○ 정답   1 less 2 fewer 3 less 4 less than 5 둘 다 정답

050 더 많을 때는 more than

more than은 '~ 이상의', '~을 넘는'이라는 뜻으로, over와 같은 뜻입니다. 단, '나이가 ~살 이상인'의 의미로는 more than 대신 over만을 사용합니다.

More than ten people died in the car crash.
(= over) more than이 over보다 격식을 차린 느낌을 줍니다.
자동차 사고로 열 명 이상이 죽었습니다.

The company employs people 60 and **over**.
(≠ more than) 나이를 가리켜서는 over만 사용합니다.
그 회사는 60살 이상의 고령자를 채용합니다.

○ 다음 괄호 안에서 맞는 표현을 골라 보세요.

1 1000명 이상의 사람들이 굶주림으로 죽었습니다.
→ (More than / Over) 1,000 have died from hunger.

2 당신과 함께 있으니 기쁜 것 이상입니다.
→ I am (more than / over) happy to be with you.

more than은 '~보다 나은', '~보다 좋은'이라는 뜻이 있습니다.

3 60세 이상 노인들은 연금을 받게 됩니다.
→ Seniors (more than / over) 60 will get a pension.

4 이 행사는 단순한 쇼 그 이상입니다.
→ This event is (more than / over) a show.

5 저는 5년 이상의 경력을 갖고 있습니다.
→ I have (more than / over) five years of experience.

more and more의 쓰임

more and more은 '점점 더 ~하는'이라는 뜻으로, 현재진행형과 함께 사용합니다.

I am getting more and more excited about joining your team. 저는 당신의 팀에서 함께 일하는 것을 점점 더 기쁨을 느낍니다.
(현재진행형 + more and more)

반면 less and less는 '(셀 수 없는 것이) 점점 감소하는', fewer and fewer는 '(셀 수 있는 것이) 점점 감소하는'이란 뜻을 지니고 있습니다.

Fewer and fewer(less and less) **students are choosing to go to college.** 점점 더 적은 학생들이 대학 진학을 선택합니다.

Step 2 연습문제

○ 다음 괄호 안에서 맞는 표현을 골라 보세요.

1 제 사업은 **점점 더** 에너지 비효율적이 되어갑니다.
  → My business is becoming (less and less / fewer and fewer) energy efficient.

2 그는 **점점 더** 유명해지고 있습니다.
  → He has been becoming (more and more / fewer and fewer) famous.

3 TV는 **점점** 인기를 잃어가고 있습니다.
  → TV is becoming (less and less / fewer and fewer) popular.

4 저는 아이들의 교육비 지출을 **점점 줄이고** 있습니다.
  → I am paying (less and less / fewer and fewer) for my children's education.

정답 ○ 1 less and less 2 more and more 3 less and less 4 less and less

Point 052 The 비교급, the 비교급

Step 1 개념잡기

'~할수록 더 ~하다'라는 뜻으로 〈the+비교급+주어+동사, the+비교급+주어+동사〉를 씁니다.

As we get richer, we become happier. 돈이 많을수록 행복해집니다.

→ **The richer we are, the happier we are**.
　the+비교급+주어+동사, the+비교급+주어+동사

Step 2 연습문제

○ 다음 괄호 안에서 맞는 표현을 골라 보세요.

1　많을수록 좋습니다. → The (more / much), the better.

2　음식을 더 많이 먹을수록 몸무게가 더 늘어납니다.
　→ (The more / The fewer) food you eat, the more weight you'll gain.

3　기술이 간단해질수록 사용이 더 쉬워집니다.
　→ The simpler the technology, (the easily / the easier) it is to operate.

4　컴퓨터 가격이 저렴해질수록 접근성이 더 좋아집니다.
　→ The cheaper the computer, (the accessibler / the more accessible) it is.

5　당신이 더 열심히 노력할수록 성공 확률은 더 올라갑니다.
　→ (Hardly / The harder) you try, the more likely it is that you'll succeed.

정답　1 more　2 the more　3 the easier　4 the more accessible　5 The harder

053 동등할 때는 as ~ as...

Step 1 개념잡기

'…만큼 ~한'이라는 의미의 동급 표현에는 〈as+형용사/부사+as+비교대상〉 구문을 씁니다. 이때 앞에 almost, nearly를 붙이면 '~보다는 약간 모자라지만 비슷한'의 뜻이 됩니다.

I am **as tall as** my father. 저는 아버지와 키가 같습니다.

〈as+형용사/부사+as〉의 뒤에 〈주어+동사〉를 붙이면 '~하는 한'이라는 뜻이 됩니다.

I will get back to you **as soon as I can(as soon as possible)**.
가급적 빨리 연락드리겠습니다.

Step 2 연습문제

○ 다음 괄호 안에서 맞는 표현을 골라 보세요.

1 제가 아는 한 그는 좋은 사람입니다.
   → (As far as I know / As much as I know), he is a good guy.

2 저희 학교는 당신 학교보다 학생 수가 두 배가 많습니다.
   → My school has twice (as many students / as much students) as yours.

3 저는 할 수 있는 한 좋은 사람이 되려고 노력합니다.
   → I try to be (as nice as / as nicer as) I can be.

4 저는 아버지보다 약간 키가 작습니다.
   → I am (almost as tall as / almost taller than) my father.

정답 1 As far as I know 2 as many students 3 as nice as 4 almost as tall as

Review

다음 괄호 안에서 맞는 표현을 골라 보세요.

1 저는 오늘 몸이 **더 좋아졌습니다**.
   → I am feeling (better / more good) today.
   hint 이전의 상태와 비교해서 현재가 '더 ~하다'라는 뜻을 전달할 때 비교급을 씁니다.

2 최근 우리 팀에 **두 명이 더** 합류했습니다.
   → (Two more / More two) people have joined our team recently.

3 그녀는 화장을 하지 않는 것이 **더 예쁩니다**.
   → She looks (better / more good) without makeup.
   hint 이전의 상태와 비교해서 현재가 '더 ~하다'라는 뜻을 전달할 때 비교급을 씁니다.

4 요즘 **점점 더 추워**지고 있습니다.
   → It is getting (colder / more cold) nowadays.
   hint 이전의 상태와 비교해서 현재가 '더 ~하다'라는 뜻을 전달할 때 비교급을 씁니다.

5 굶주림으로 죽는 사람의 수가 **점점 줄고** 있습니다.
   → (Less and less / Fewer and fewer) people are dying of hunger.
   hint less and less/more and more는 '점점 덜(더)'라는 뜻입니다.

6 **더 열심히** 일할수록 운도 더 따를 것입니다.
   → (The harder / The more hard) you work, the luckier you become.
   hint 'the+비교급, the+비교급' 문장입니다.

7 저는 로스쿨에 가기 위해 최선을 **다하고** 있습니다.
   → I am trying (hard / as hard as) I can to go to law school.
   hint ⟨as+형용사/부사+as one can(possible)⟩은 '가능한 ~한'이라는 의미입니다.

모범 답안

1 better   2 Two more   3 better   4 colder   5 Less and less   6 The harder
7 as hard as

054 최고일 때는 최상급을 쓰자

Step 1 개념잡기

셋 이상의 물건/사람을 놓고 그중 '가장 ~한'이라는 의미를 전달할 때 〈the+-est(또는 소유격+-est)〉를 사용합니다. 최상급은 흔히 학급, 학교, 회사, 나라와 같은 집단, 단체의 명사와 함께 쓰입니다. 한편 불규칙 최상급 표현을 가지는 형용사로는 many-most, much-most, good-best, bad-worst 등이 있습니다.

I am **the shortest** student in my class. 저희 반에서 제가 키가 제일 작습니다.
the+-est: 가장 ~한

My best teacher is my mother. 제게 있어 가장 훌륭한 선생님은 어머니입니다.
소유격+최상급: 나의 가장 ~한

Step 2 연습문제

○ 다음 괄호 안에서 맞는 표현을 골라 보세요.

1 이것은 지금까지 **가장 잘** 팔린 자동차입니다.
→ This is the (good / **best**) selling car of all time.

2 **가장 재미있는** 코미디언이 누구인지 궁금합니다.
→ I wonder who is the (funny / **funniest**) comedian.

3 저는 역대 판매된 자동차 중 **가장 싼** 자동차를 보았습니다.
→ I saw the (**cheapest** / cheap) car ever sold.

4 이 케이크는 제가 평생 먹어 본 것 중 **가장 맛있는** 케이크 중 하나입니다.
→ This is one of the (**best** / good) cakes I've ever had.

5 그녀는 세상에서 **가장 예쁜** 여자입니다.
→ She is the (**prettiest** / pretty) woman in the world.

○ 정답 1 best 2 funniest 3 cheapest 4 best 5 prettiest

Point 055 긴 형용사의 최상급 만들기

Step 1 개념잡기

'가장 ~한'이라는 뜻의 **최상급 표현**을 만들기 위해서는 1, 2음절인 경우 〈the+-est+명사〉, 3음절 이상일 때는 〈the+most+형용사+명사〉의 구조를 갖습니다. 비교급을 만들 때와 같은 기준을 적용할 수 있습니다.

Step 2 연습문제

○ 다음 괄호 안에서 맞는 표현을 골라 보세요.

1 잭은 제 주위 사람 중 **가장 비싼** 차를 몰고 다닙니다.
→ Jack has the (most expensive / expensivest) car among people around me.

2 서울이 **가장 바쁜** 도시로 뽑혔습니다.
→ Seoul is listed as the (most busy / busiest) city.

3 그는 한국 역사상 **가장 영향력 있는** 사람입니다.
→ He is Korea's (most influential / influentialest) person in history.

4 모든 햄버거 가게 중에 맥스가 **최고**입니다.
→ Out of all the burger joints, Max is the (most good / best).

5 제가 **가장 좋아하는** 음식 종류가 있습니다.
→ There are some types of food I like the (much / most).

6 좋은 부모가 되는 것은 **가장 의미있는** 경험입니다.
→ Being a good parent can be the (most meaningful / more meaningful) experience.

○ 정답 1 most expensive 2 busiest 3 most influential 4 best 5 most 6 most meaningful

Point 056 두 번째, 세 번째 표현하기

Step 1 개념잡기

최상급 앞에 second, third와 같은 서수를 사용하면 각각 '두 번째, 세 번째로 가장 ~한'이라는 의미가 됩니다.

Kim is the **second fastest** Korean. 킴은 한국인 중 두 번째로 빠릅니다.

최상급에 〈that I have ever+p.p.〉를 붙이면 '지금까지 한 것 중 제일 ~하다'라는 뜻이 됩니다.

This restaurant serves **the best Korean food I've ever had**.
이 식당은 제가 먹어 본 것 중 가장 맛있는 한국 음식을 팝니다.

Step 2 연습문제

○ 다음 괄호 안에서 맞는 표현을 골라 보세요.

1. 중국은 세계에서 2번째로 큰 경제 대국입니다.
   → China is the world's (second-largest / two-largest) economy.

2. 모나리자는 제가 본 것 중 최고입니다.
   → Mona Lisa is the (best / most) thing I've ever seen.

3. 저는 매일을 최고의 날로 만들기 위해 노력합니다.
   → I am trying to make each day the (best / most) day ever.

4. 알제리는 면적으로 따졌을 때 세계에서 10번째로 큰 국가입니다.
   → Algeria is the tenth (larger / largest) country by area.

5. 이 피자는 최고입니다. → This is the (better / best) pizza ever.

○ 정답 1 second-largest 2 best 3 best 4 largest 5 best

Review

다음 괄호 안에서 맞는 표현을 골라 보세요.

1. 비글은 **가장 충직한** 견종입니다.
   ➡ Beagle is the (royalest / most royal) dog breed.

2. **가장 유명한** 한국인이 누구인지 궁금합니다.
   ➡ I wonder who is the (most famous / famousest) Korean.
   hint 최상급을 만들 때 단어가 3음절 이상이면 앞에 most를 붙입니다.

3. 그는 미국인 중 **가장 인기 있는** 가수입니다.
   ➡ He is America's (popularest / most popular) singer.
   hint 최상급을 만들 때 단어가 3음절 이상이면 앞에 most를 붙입니다.

4. 저는 한국에서 **두 번째로** 좋은 학교를 나왔습니다.
   ➡ I went to the (two / second) best school in Korea.
   hint 최상급 앞에는 서수를 붙여 '몇 번째로 ~한'이라는 뜻을 만듭니다.

5. ABC는 한국에서 **가장 평판 좋은** 회사입니다.
   ➡ ABC is Korea's the (more reputable / most reputable) company.
   hint 3음절 이상의 형용사를 최상급으로 만들때는 앞에 most를 붙입니다.

6. 저는 핸드폰을 **최저**가에 샀습니다.
   ➡ I got my cell phone at the (lowest / most low) price.

7. 오늘은 2014년 **최악**의 날 중 하루입니다.
   ➡ Today is one of the (most bad / worst) days of 2014.
   hint bad의 최상급은 worst입니다.

8. 우리 엄마는 세계 **최고**의 엄마입니다.
   ➡ My mom is the (most good / best) mom in the world.
   hint good의 최상급은 best 입니다.

모범 답안

1 most royal   2 most famous   3 most popular   4 second   5 most reputable
6 lowest   7 worst   8 best

057 조건을 달 때는 if

조건이 맞으면 얼마든지 일어날 수 있는 현재나 미래의 일, 불변의 진리에는 if와 현재형 동사를 사용합니다. 단, 자주, 규칙적으로 일어나는 일에는 if보다는 when을 주로 사용합니다.

If the weather is nice, I walk to school.
날씨가 좋으면 저는 학교까지 걸어갑니다.

When the weather is nice, I **usually** walk to school.
자주 일어나는 일에는 usually(보통, 대개)와 같이 쓰면 자연스럽습니다.
날씨가 좋으면 보통 학교까지 걸어갑니다.

○ 다음 괄호 안에서 맞는 표현을 골라 보세요.

1 제가 선생님이 되면 학생들을 사랑해 줄 거예요.
   ➡ (If / When) I become a teacher, I will love my students.

2 취업을 하면 어머니 집에서 나오고 싶어요.
   ➡ (If / Unless) I get a job, I will move out of my mom's house.

3 올 A를 받는다면 원하는 걸 사 줄게.
   ➡ (Even if / If) you get straight A's, I will buy you anything you want.

4 나를 도와주면 다음에 갚을게.
   ➡ (If / When) you help me, I will pay you back.

5 내일 비가 오면 저는 집에 있을 겁니다.
   ➡ (If / When) it rains tomorrow, I will stay home.

058 아닐 것 같으면 unless

Step 1 개념잡기

unless는 〈if... not〉과 같은 뜻으로, if처럼 현재형, 과거형, 과거완료형에 사용할 수 있습니다. unless는 단어 자체에 부정의 의미가 들어가므로 not이나 never와 같은 부정어와 함께 쓰이지 않습니다.

You'll get diabetes **unless you lose weight**.
= If you don't lose weight.
살을 빼지 않으면 당뇨에 걸리실 겁니다.

Step 2 연습문제

다음 괄호 안에서 맞는 표현을 골라 보세요.

1 저금을 하지 **않으면** 차를 살 수 없습니다.
   ➡ I can't buy a car (unless / if) I save money.

2 당신의 태도를 바꾸지 **않으면** 나중에 곤란한 일이 벌어질 겁니다.
   ➡ (Unless you don't / If you don't) change your attitude, you'll be in trouble in the future.

3 돈을 잃고 싶지 **않다면** 도박을 하지 마십시오.
   ➡ Don't gamble (if / unless) you want to lose money.

4 당신이 부자가 **아니었다면** 대학에 다니지 못했을 겁니다.
   ➡ (If / Unless) you're rich, you won't be able to attend college.

5 그녀가 일찍 떠나지 **않았더라면** 지각을 했을 겁니다.
   ➡ (If / Unless) she had left early, she would have been late.

정답 1 unless 2 If you don't 3 unless 4 Unless 5 Unless

 059 불가능한 일에는 가정법 과거

Step 1 개념잡기

실현 가능성이 아주 낮거나 불가능한 현재/미래의 일을 가정할 때 if절과 주절에 과거동사를 쓰는 가정법 과거를 사용합니다. 가정법 과거 문장에서는 주어가 I/he/she라고 하더라도 be동사는 were를 사용하는 것이 원칙인데, 현대 영어에서는 was를 써도 무방합니다.

If I were a girl, **I would wear** high heels everyday.
If+주어+동사 과거(were/was), 주어+조동사 과거+동사
제가 여자라면 매일 하이힐을 신을 거예요.

Step 2 연습문제

○ 다음 괄호 안에서 맞는 표현을 골라 보세요.

1 내가 당신**이라면** 인생의 매 순간을 즐기겠어요.
→ If I (am / were) you, I would enjoy every moment in your life.

> If I were you(내가 만약 너라면)는 상대방에게 조언을 해 줄 때 자주 사용되는 패턴입니다.

2 제가 없어지면 여자 친구가 저를 그리워**할 거예요**.
→ If I was gone, my girlfriend (will / would) miss me.

3 제가 가족에 짐이 **된다면** 가족을 떠날 거예요.
→ If I (am / were) a burden on my family, I would leave them.

4 잭팟이 **터지면** 일을 그만둘 겁니다.
→ If I (win / won) the jackpot, I would stop working.

○ 정답 1 were 2 would 3 were 4 won

불가능한 일엔 가정법 과거완료

Step 1 개념잡기

조건이 맞을 가능성도 없는, 이미 일어났기 때문에 어찌할 수가 없는 과거의 일에는 if절과 주절에 〈have+p.p.〉를 사용하는 가정법 과거완료를 사용합니다. 과거의 일이 반대로 일어났더라면 결과가 달라졌을 것이라고 가정할 때 주로 쓰입니다.

If I had had time, **I would have studied** a foreign language.
If+주어+had+p.p.　　　주어+조동사 과거+have +p.p. ➡ 과거 사실의 반대를 가정
제가 시간이 있었더라면 외국어를 공부했을 거예요. [시간이 없어서 못했다는 의미]

Step 2 연습문제

○ 다음 괄호 안에서 맞는 표현을 골라 보세요.

1 더 열심히 **공부했더라면** 의사가 되었을 것입니다.
   ➡ If I (studied / had studied) harder, I would have become a doctor.

2 어제 눈이 왔더라면 저는 스키 타러 **갔을 것입니다**.
   ➡ If it had snowed yesterday, I (would go / would have gone) skiing.

3 우리 동네에 도서관이 **있었더라면** 저는 독서로 시간을 보냈을 것입니다.
   ➡ If there (has been / had been) a library in my town, I would have spent time reading books.

4 시카고로 이사를 하지 않았더라면 저는 다른 사람을 **만났을 것입니다**.
   ➡ If I hadn't moved to Chicago, I (would meet / would have met) someone else.

○ 정답 1 had studied 2 would have gone 3 had been 4 would have met

061 소원을 빌 때는 wish

Step 1 개념잡기

현재에 일어났으면 하는 일을 희망할 때 〈I wish+주어+과거형 동사〉를, 과거에 일어난 일을 반대로 희망할 때는 〈I wish+주어+had+p.p.〉 구문을 씁니다.

I wish I were(was) with you. 당신과 함께 있었으면 좋겠습니다.
I+wish+주어+동사 과거 ➡ 지금 일어나길 바라는 일

I wish I had studied harder. 더 열심히 공부할 걸 그랬습니다.
I+wish+주어+had+p.p. ➡ 과거 사실에 대한 후회

Step 2 연습문제

○ 다음 괄호 안에서 맞는 표현을 골라 보세요.

1 급여가 인상**되었으면** 좋겠습니다.
   ➡ I wish I (can get / could get) a raise.

2 차를 **샀으면** 좋겠습니다.
   ➡ I wish I (can buy / could buy) a car.

3 제가 빌게이츠**였으면** 좋겠습니다.
   ➡ I wish I (were / can be) Bill Gates.

4 영어를 **할 수 있었으면** 좋겠습니다.
   ➡ I wish I (can speak / could speak) English.

5 어렸을 때 인생에 대해 알았**더라면** 좋았을 것입니다.
   ➡ I wish I (had / have) known about life when I was younger.

> 과거에 대한 후회나 유감은 〈I wish+주어+had+p.p.〉를 씁니다.

정답 1 could get 2 could buy 3 were 4 could speak 5 had

Point 062 | 아닌 척할 때는 as if

Step 1 개념잡기

as if는 '마치~인 것처럼'이라는 뜻으로, 동사의 과거형 시제와 함께 사용되면 사실이 아니라는 것을 강조하게 됩니다.

He looks **as if** **he knew** everything.
　　　　　as if+주어+동사 과거

그는 모든 걸 다 아는 것처럼 보입니다. [사실은 알지 못하는 경우, 혹은 그가 얼마나 알고 있는지의 여부가 확인이 안 되는 상황]

Step 2 연습문제

다음 괄호 안에서 맞는 표현을 골라 보세요.

1 그녀는 순수한 것처럼 행동합니다.
   ➡ She acts as if she (is / was) innocent.

2 그는 아무 일도 **일어나지** 않은 것처럼 말합니다.
   ➡ He talks as if nothing (happens / happened).

3 저는 존을 아들처럼 대합니다.
   ➡ I treat Jon as if he (is / was) my son.

4 겨울이 **온** 것 같습니다.
   ➡ I feel as if winter (came / has come).

5 그는 **울었던** 것처럼 보였습니다.
   ➡ He looks as if he (is crying / cried) earlier.

6 그것은 절대 끝나지 않을 것 같았습니다.
   ➡ It seemed as if it (will / would) never end.

○ 정답 1 was 2 happened 3 was 4 둘 다 정답 5 cried 6 would

Review

다음 괄호 안에서 맞는 표현을 골라 보세요.

1. 지금 **포기하면** 나머지 인생은 후회하며 살게 될 거예요.
   → If you (give/gave) up now, you'll regret it for the rest of your life.
   hint 가정법 문장입니다.

2. 인간 관계를 끊고 싶**지 않으면** 다른 이의 감정을 상하게 하지 마세요.
   → Don't hurt other people's feelings (unless/if) you want to lose them.

3. 과거로 돌아**갈 수** 있다면 저는 더 열심히 일하겠습니다.
   → If I (can/could) go back in time, I would push myself to work harder.
   hint 가정법 과거입니다.

4. 돈이 충분**했었더라면** 저는 해외 여행을 했을 것입니다.
   → If I (have/had) enough money, I would have traveled abroad.
   hint 가정법 과거완료입니다.

5. 다시 스무살이 **될** 수 있으면 좋겠습니다.
   → I wish I (am/were) 20 years old again.
   hint wish는 주로 실현 불가능한 일을 소망할 때 사용됩니다.

6. 그는 자신이 더 똑똑**했으면** 하고 바랍니다.
   → He wishes he (was/were) smarter.

7. 저는 제가 잘못을 **저지른** 것처럼 느꼈습니다.
   → I felt as if I (did/had done) something wrong.
   hint as if 가정법에서는 주절에 과거시제가 쓰였을 때 과거의 과거를 표현하기 위해 had p.p.를 씁니다.

모범 답안

1 give   2 unless   3 could   4 had   5 were   6 were   7 had done

Part 4

문장의 얼굴, 주어를 알자

- Point 063
- Point 064
- Point 065
- Point 066
- Point 067
- Point 068
- Point 069
- Point 070
- Point 071
- Point 072
- Point 073

063 천의 얼굴을 가진 it

Step 1 개념잡기

시간, 날씨, 온도, 요일, 거리, 명암 등을 나타낼 때는 주어로 it을 사용합니다. 이때 it에는 특별한 의미가 담겨있지 않지만 시간이나 날씨 등의 뜻을 충분히 잘 전달할 수 있습니다.

It is late. (시간이) 늦었습니다.
It is cold. (날씨가) 춥습니다.
It is Sunday today. (요일이) 오늘은 일요일입니다.
It is far away from here. (거리가) 여기서 멀어요.

Step 2 연습문제

○ 다음 괄호 안에서 맞는 표현을 골라 보세요.

1 곧 비가 올 거예요. ➡ (It / It's) going to rain soon.

2 2014년 5월 5일 일요일입니다.
   ➡ (It's / The date is) Sunday, May 5, 2014.

3 지금은 두시입니다. ➡ (Time / It) is 2 o'clock now.

4 이곳은 점점 더워지고 있습니다.
   ➡ (Weather is / It's) getting hot in here.

5 어제 정말 추워졌습니다.
   ➡ (Weather / It) got really cold yesterday.

6 눈이 많이 옵니다. ➡ (It / There) snows a lot.

7 어두워지고 있습니다. ➡ (It's / There's) getting dark.

○ 정답 1 It's 2 It's 3 It 4 It's 5 It 6 It 7 It's

Point 064 '소비'를 표현할 때 it takes

Step 1 개념잡기

시간이나 양이 얼마나 소모되는지를 표현할 때 *it*과 *take* 동사를 씁니다.

It takes 10 minutes to get there. 그곳에 도착하는 데는 10분이 걸립니다.
It takes+시간+to부정사 ➡ 일반적으로 걸리는 시간을 표현함

It took Cathy two hours to finish eating.
It takes+사람+시간+to부정사 ➡ 특정인에게만 걸리는 시간을 표현함
캐시가 다 먹을 때까지 2시간이 걸렸습니다.

Step 2 연습문제

○ 다음 괄호 안에서 맞는 표현을 골라 보세요.

1. 학교에 걸어가려면 한 시간이 **걸립니다**.
   ➡ It (takes / spend) an hour to walk to school.

2. 전문가가 되려면 1만 시간의 연습이 필요합니다.
   ➡ (We / It) takes 10,000 hours of practice to become an expert.

3. 사람들 앞에서 말하는 **것은** 용기가 필요합니다.
   ➡ It takes courage (to / when) speak in front of people.

   <it takes…> 구문은 성취를 위해서 필요한 준비물이나 필수 요소를 나타낼 때도 사용할 수 있습니다.

4. 잼을 만들 때는 설탕이 아주 많이 **사용됩니다**.
   ➡ It (takes / uses) tons of sugar to make jelly.

5. 이 일을 끝내는 데는 적어도 열흘이 **걸릴** 겁니다.
   ➡ It will (spend / take) at least 10 days to complete this job.

○ 정답 1 takes 2 It 3 to 4 takes 5 take

'있다'를 표현할 때의 there

Step 1 개념잡기

⟨There is/are⟩는 '~가 있다'라는 의미로, there 뒤의 is나 are는 뒤에 나오는 명사가 단·복수 여부에 따라 결정됩니다. 엄밀히 말해서 이 문장의 주어는 there가 아니라 there is/are뒤에 따라오는 명사입니다.

There is an apple on the table. 테이블에 사과 한 개가 있습니다.

⟨there+appear/seem⟩는 '~인 것 같다', ⟨there+remain⟩은 '~가 남아있다'는 뜻입니다.

There seems to be a problem. 문제가 있는 것 같습니다.

Step 2 연습문제

 다음 괄호 안에서 맞는 표현을 골라 보세요.

1 질문이 많이 **있습니다**. → There (is / are) a lot of questions.

2 할 일이 많이 **남아있습니다**.
→ There (remain / remains) much work to do.

3 집 주변에 공원이 **있습니다**.
→ There (is / are) a park near my neighborhood.

4 한국에 관한 정보가 약간 **있습니다**.
→ There (is / are) some information about Korea.

5 공짜 점심이란 것은 **없습니다**.
→ There (is / are) no such thing as a free lunch.

6 문제가 있는 **것 같습니다**.
→ There (appear / appears) to be a problem.

7 실수가 **있습니다**. → There (is / are) some mistakes.

정답 ㅇ 1 are 2 remains 3 is 4 is 5 is 6 appears 7 are

here는 주어가 될 수 없다

Step 1 개념잡기

here는 부사이기 때문에 주어나 목적어로 사용할 수 없습니다.

Here is cold. (x) → It's cold **here**. (o) 여기는 추워요.
here는 주어로 사용할 수 없으므로 날씨를 나타내는 가주어 it를 사용합니다.

here가 문장 제일 앞에 오는 경우는 <부사+동사+관사+주어>의 형태로 도치가 될 때입니다. 이때 동사의 형태는 문장 제일 끝에 나오는 주어가 단수인지 복수인지에 따라 결정합니다.

Here is a clue. 여기 단서가 있습니다.

Step 2 연습문제

○ 다음 괄호 안에서 맞는 표현을 골라 보세요.

1 여기에 당신의 커피가 있습니다. ➡ Here (is / are) your coffee.

2 여기 버스가 옵니다. ➡ Here (come / comes) the bus.

3 여기 당신의 질문에 대한 저의 답변이 있습니다.
   ➡ Here (is / are) my answers to your question.

4 우리가 여기 갑니다.
   ➡ Here we (come / comes).

   > 주어가 대명사면 <부사(here)+주어+동사>의 어순을 따릅니다.

5 저는 이곳이 좋습니다. ➡ I like (here / it here).

6 여기 제가 인생에서 꼭 해야 할 리스트가 있습니다.
   ➡ Here (is / are) my bucket list.

○ 정답 1 is 2 comes 3 are 4 come 5 it here 6 is

Point 067 | 가주어 it

Step 1 개념잡기

주어가 길면 가독성이 떨어집니다. 그래서 문장의 원래 주어가 to부정사일 때 이를 문장의 제일 뒤로 옮기고 주어 자리에는 가주어 it을 사용합니다.

To learn a new foreign language is difficult. **(X)**
새로운 외국어를 배우는 것은 어렵습니다.

→ **It** is difficult **to learn a new foreign language**.
  원래 주어 자리에는 가주어 it을, to부정사절은 문장 끝으로 배치합니다.
새로운 외국어를 배우는 것은 어렵습니다.

Step 2 연습문제

○ 다음 괄호 안에서 맞는 표현을 골라 보세요.

1 당신을 다시 보게 되니 좋습니다.
   → (It / I) is good to have you back.

2 당신의 결백을 증명하는 것은 불가능합니다.
   → It is impossible (to / that) prove your innocence.

3 건강하고 균형 잡힌 식단은 좋습니다.
   → (It / There) is good to eat a healthy, balanced diet.

4 자동차를 가지고 다니는 것은 돈이 많이 듭니다.
   → It is expensive (to / that) own and operate a car.

5 버는 것보다 더 많이 쓰는 것은 불가능합니다.
   → (It's / There's) not possible to spend more than you earn.

○ 정답 1 It 2 to 3 It 4 to 5 It's

Review

다음 괄호 안에서 맞는 표현을 골라 보세요.

1 우리 가족은 6명**입니다**.
   → (There is / There are) six people in my family.
   hint '~이 있다'고 할 때 there is/are를 씁니다.

2 비가 올 것 같습니다.
   → (It / That) looks like rain.
   hint 날씨를 나타낼 때는 it을 주어로 씁니다.

3 문제가 없**을 것입니다**.
   → (There will be / There is) no problems.
   hint '~이 있다'고 할 때 there is/are를 씁니다.

4 **여기** 좋은 에세이의 예가 **있습니다**.
   → (Here's / Here are) an example of a good essay.

5 저희 집 근처에 공원**이 있습니다**.
   → (There are / There is) a park near my neighborhood.
   hint '~이 있다'고 할 때 there is/are를 씁니다.

6 저는 잠들기까지 꽤 **시간이** 많이 **걸립니다**.
   → (It take / It takes) me hours to fall asleep.
   hint 'It takes+(사람)+시간+to…'는 '(~가) …하는 데 시간이 ~만큼 걸리다'라는 뜻입니다.

7 신문을 읽는 데는 한 시간에서 두 **시간이 걸립니다**.
   → (It take / It takes) one to two hours to read a newspaper.
   hint 'It takes+(사람)+시간+to…'는 '(~가) …하는 데 시간이 ~만큼 걸리다'라는 뜻입니다.

8 이곳은 점점 더워지고 있습니다.
   → (It / That) is getting hot in here.
   hint 날씨를 나타낼 때는 it을 주어로 씁니다.

모범 답안

1 There are   2 It   3 There will be   4 Here's   5 There is   6 It takes   7 It takes   8 It

068 불특정 다수 표현하기

Step 1 개념잡기

불특정 다수는 you, we, people, one, they 등의 단어를 사용해서 표현합니다. 단, one을 '모든 사람'이라는 의미로 사용하는 것은 문법적으로는 하자가 없지만 현대 영어에서는 자주 사용되지 않는 표현입니다.

You(People, We) shouldn't eat in the library.
특정인을 가리키는 것이 아닌 일반적인 사람을 의미
도서관에서 음식을 먹으면 안 됩니다.

Step 2 연습문제

○ 다음 괄호 안에서 맞는 표현을 골라 보세요.

1 사람들은 그것이 아주 좋다고 합니다.
→ (People / one) say it is very good.

2 사람들이 큰 소리로 이야기하는 것이 싫습니다.
→ I hate it when (we / people) speak loudly.

3 모든 사람이 과일이 몸에 좋다는 것을 알고 있습니다.
→ (Everybody / You) knows fruits are good for our health.

4 우리는 멸종 위기에 처한 동물을 보호해야 합니다.
→ (We / They) should protect endangered animals.

5 많은 사람들이 고용 안정성을 걱정합니다.
→ A lot of (person / people) are concerned about job security.

정답 1 People 2 people 3 Everybody 4 We 5 people

Point 069 무생물의 의인화

Step 1 개념잡기

무생물을 의인화시켜 주어로 사용하면 간결하고 인상적인 문장이 됩니다. 이를 위해서는 부사구의 무생물 명사를 주어 자리에 놓거나 사람을 나타내는 단어를 문장의 목적격 자리에 놓습니다.

There are two universities in Vancouver. 밴쿠버에는 대학이 두 개 있습니다.
→ **Vancouver** has two universities. 밴쿠버에는 대학이 두 개 있습니다.

We get information from books. 우리는 책으로부터 정보를 얻습니다.
→ **Books** give us information. 우리는 책으로부터 정보를 얻습니다.

Step 2 연습문제

○ 다음 괄호 안에서 맞는 표현을 골라 보세요.

1 Two million people live in Daegu. 대구의 인구는 2백만 명입니다.
   → Daegu (have / has) a population of 2,000,000.

2 You can see a meeting venue in this map.
   → This map (show / shows) a meeting venue.
   이 지도에 회의 장소가 나옵니다.

3 500 people work at the company.
   → The company (employee / employs) 500 people.
   그 회사의 직원은 500명입니다.

4 You can take this bus to the airport.
   → This bus (take / takes) you to the airport.
   이 버스를 타면 공항까지 갈 수 있습니다.

정답 1 has 2 shows 3 employs 4 takes

070 명사 역할을 하는 동명사

Step 1 개념잡기

동사에 -ing를 붙인 것을 동명사라고 하는데, 명사처럼 주어, 목적어, 보어 자리에 사용합니다. 동명사를 만드는 규칙은 현재분사를 만드는 규칙과 마찬가지입니다.

Seeing is **believing**. 보면 믿게 됩니다.
　주어 역할　　　보어 역할

Step 2 연습문제

○ 의미에 유의하며 다음 동사를 동명사로 바꿔 보세요.

1 취업을 하는 것은 요즘 정말 힘듭니다.
　→ (Get) a job is very hard nowadays.

2 초과 근무를 하면 두뇌에 좋지 않을 수 있습니다.
　→ (Work) overtime can hurt your brain.

3 운전 중 문자 메시지가 당신의 생명을 앗아갈 수 있습니다.
　→ (Text) while driving can take your life.

4 피아노를 치는 것은 재미있습니다. → (Play) piano is fun.

5 TV를 보면 살이 찝니다. → (Watch) TV makes you fat.

6 유학을 가는 것은 돈이 많이 듭니다.
　→ (Study) abroad is expensive.

정답 1 Getting 2 Working 3 Texting 4 Playing 5 Watching 6 Studying

중복되는 것 생략하기

Step 1 개념잡기

중문이나 복문에서 등위접속사를 기준으로 앞뒤의 주어, 혹은 〈주어+동사〉가 같으면 뒤에 나온 주어를, 혹은 〈주어+동사〉를 한꺼번에 생략합니다.

I love dogs, but (I) hate cats. 저는 강아지는 좋아하지만 고양이는 싫어합니다.

if나 when과 같은 종속접속사가 사용된 문장에서 종속절의 주어가 주절의 주어와 같고 뒤의 동사가 be동사라면 〈주어+be동사〉를 한꺼번에 생략할 수 있습니다.

I speak while (I am) sleeping. 저는 잘 때 잠꼬대를 합니다.

Step 2 연습문제

○ 다음 문장에서 생략 가능한 부분을 골라 보세요.

1 앤지는 여기서 일했지만 지금은 아닙니다.
→ Angie used to work here but she no longer does.

2 저는 노래하며 춤추는 것을 좋아했습니다.
→ I liked to dance while I was singing.

3 그녀는 술을 마셨냐는 질문을 듣고 화났습니다.
→ She got angry when she was asked if she was drinking.

4 그녀는 급여 인상에 대해 들었을 때 기뻐했습니다.
→ She was happy when she was told about her raise.

5 그녀는 예쁘고 똑똑합니다. → She is pretty and she is smart.

6 제가 좋아하고 싫어하는 것의 목록을 만들어 보았습니다.
→ I made a list of things I like and I dislike.

072 캐주얼한 문장의 주어 생략

Step 1 개념잡기

영어는 일반적으로 주어를 생략하지 않지만 주어를 생략하는 형태가 더욱 자주 사용되는 특정 구문이 있습니다.

(I) Thank you very much. 정말 감사합니다.

일기나 문자메시지, 인터넷 게시글과 같이 **형식을 따지지 않는 문장에서는 흔히 주어를 생략**합니다. 주어가 무엇인지 명확해서 굳이 써 줄 필요가 없는 경우가 이에 해당합니다.

(I) Hope this helps. 도움이 되었다면 좋겠습니다.

Step 2 연습문제

○ 다음 문장에서 생략 가능한 부분을 골라 보세요.

1 집까지 운전하지 않았다니 다행입니다.
   → It is a good thing that you didn't drive home.

2 저는 당신이 마음을 바꿀 것이라고 생각했습니다.
   → I thought you'd change your mind.

3 그것은 정말 축복입니다. → It is such a blessing.

4 잘 지내고 계신지 궁금합니다.
   → I am wondering how you are doing.

5 곧 연락하겠습니다. → I'll talk to you soon.

6 다음에 뵙겠습니다. → I'll see you next time.

○ 정답 1 It is 2 I 3 It is 4 I am 5 I'll 6 I'll

Point 073 주어를 부연 설명하는 동격

Step 1 개념잡기

주어 뒤에 주어와 대등한 관계가 성립하는 단어나 구, 절 등이 와서 **주어를 추가적으로 설명**할 수 있습니다. 이를 동격이라고 하며, **동격의 어구가 삽입될 때는 앞뒤로 콤마(,)**를 찍습니다.

My high school friend**, Jack,** is getting married soon.
고등학교 친구인 잭이 곧 결혼합니다.

to부정사나 that절을 사용해 명사를 부연 설명하는 동격 표현을 만들 수도 있습니다.
My decision **to stop smoking** didn't work out.
저의 금연 결심은 지켜지지 않았습니다.

Step 2 연습문제

○ 우리말의 동격 표현이 다음 문장의 어느 부분에 들어가야 하는지 맞춰 보세요.

1 최초의 **여성 서울 시장**(the first female mayor of Seoul)인 김 씨가 연설을 했습니다.
   → ① Ms. Kim ② gave ③ a speech ④.

2 **고등학교 중퇴자**(a high school dropout)인 제이미는 대학에 가는 것에 반대했습니다.
   → ① Jamie ② has ③ spoken out against attending college ④.

3 **새로운 친구를 사귀려는**(to meet new friends) 제 계획이 실패로 돌아갔습니다.
   → ① My plan ② fell through ③.

4 제 친구 **존 도**(John Doe)가 자동차 추돌 사고로 죽었습니다.
   → My friend ① died ② in a car crash ③.

5 **미국 최초의 흑인 대통령**(the first African-American president of the U.S)인 버락 오바마가 한국을 방문합니다.
   → ① Barack Obama ② is visiting Korea ③.

○ 정답 1 ② 2 ② 3 ② 4 ① 5 ②

Review

다음 괄호 안에서 맞는 표현을 골라 보세요.

1 **베트남 음식인 포**는 쌀국수입니다.
   → (Vietnamese food Pho / Vietnamese food, Pho,) is a rice noodle soup.
   hint 동격 표현에는 앞뒤로 콤마를 넣습니다.

2 비가 와서 야외 활동을 **하지 못했습니다**.
   → Rain (interrupting / interrupted) outdoor activities.
   hint 사물을 주어로 쓴 문장으로 '~을 방해하다'라는 뜻의 동사를 넣습니다.

3 **너무 적게 먹으면** 살이 찔 수가 있습니다.
   → (Eat too little / Eating too little) can make you gain weight.
   hint 주어 자리에 동사가 오면 동명사 형태로 바꿉니다.

4 **대학을 가면** 좋은 일자리를 구하는 데 도움이 됩니다.
   → (Going to college / Go to college) will help you get a decent job.
   hint 주어 자리에 동사가 오면 동명사 형태로 바꿉니다.

5 고마움을 **표현하는 것**은 인간 관계를 맺고 유지하는 데 중요합니다.
   → (Showing / Show) gratitude is important to build and maintain relationships.
   hint 주어 자리에 동사가 오면 동명사 형태로 바꿉니다.

6 세상에서 제일 비싼 집은 인도에 **있습니다**.
   → India (is / has) the world's most expensive home.
   hint 사물을 주어로 '~가 있다'는 의미를 나타낼 때는 동사 have를 씁니다.

모범 답안

1 Vietnamese food, Pho,   2 interrupted   3 Eating too little   4 Going to college
5 Showing   6 has

Part 5

문장의 뼈대, 동사를 알자

- Point 074
- Point 075
- Point 076
- Point 077
- Point 078
- Point 079
- Point 080
- Point 081
- Point 082
- Point 083
- Point 084
- Point 085
- Point 086
- Point 087
- Point 088
- Point 089
- Point 090
- Point 091
- Point 092
- Point 093
- Point 094
- Point 095
- Point 096
- Point 097
- Point 098
- Point 099
- Point 100
- Point 101

조동사 must의 용법

조동사 must는 '~해야 한다'라는 뜻으로, **무조건 이행해야 하는 의무나 강력한 조언**에 쓰입니다. 같은 뜻으로 have to가 있는데, have to가 주로 구어체에서 사용되는 것에 비해 must는 주로 문어체에서 사용됩니다. 조동사 뒤에는 반드시 동사원형이 와야 합니다.

We **must** take care of our environment.
환경을 보호해야 합니다. [강한 어조의 조언]

You **must** be happy. 당신은 행복하시겠어요. [확신을 가진 짐작]

〈must have been+p.p.〉 형태는 증거를 기반으로 '~을 했다고 확신하다'라는 강한 추측입니다.

He **must have been** rich. 그는 분명 부자였을 거예요.

○ 다음 괄호 안에서 맞는 표현을 골라 보세요.

1 분명 피곤하시겠어요. → You (must be / must are) tired.

2 규칙을 따라야 합니다.
  → You (must follow / must followed) the rules.

3 사진이 부착되어 있는 유효한 신분증을 보여 주세요.
  → You (must present / must have presented) a valid photo ID.

4 그 편지는 아주 예전에 쓰여진 것이 분명합니다.
  → The letters (must have written / must have been written) a long time ago.

5 이곳이 처음이시군요. → You (must / will) be new here.

○ 정답   1 must be 2 must follow 3 must present 4 must have been written 5 must

111

075 조동사 should의 용법

도덕적으로 옳기 때문에, 혹은 마땅히 해야 하기 때문에 상대방에게 조언을 할 때나 예상 했던 일이 일어나지 않았을 때 should를 씁니다. 조동사 뒤에는 반드시 동사원형이 와야 합니다.

You look sick. You **should** see a doctor.
아파 보여요. 병원에 가보세요. [조언]

Jack is late. He **should** be here.
잭이 늦었어요. 지금쯤 여기 왔어야 해요. [예상 못한 일]

〈should have+p.p〉는 '~했었어야 했는데 하지 못했다'라는 후회의 의미로 사용됩니다.

I **should have contacted** you earlier.
당신에게 좀 더 일찍 연락했어야 했어요.

○ 다음 괄호 안에서 맞는 표현을 골라 보세요.

1 18세 미만은 술을 마시면 안 됩니다.
→ People under 18 (should not drink / should drink not) alcohol.

2 저는 더 열심히 공부를 했어야 했습니다.
→ I (should've studied / should've study) harder.

3 폭력은 티비에서 근절되어야 합니다.
→ Violence should (be / is) banned from television.

4 저는 이만 가 봐야겠습니다.
→ I (should / should have) get going.

5 정장을 입으셔야 합니다. → You (should / will) wear a suit.

○ 정답 1 should not drink 2 should've studied 3 be 4 should 5 should

076 조동사 can의 용법

Step 1 개념잡기

can은 '~을 할 수 있다'라는 능력의 의미를 나타내며 be able to와 같은 뜻입니다. 조동사 뒤에는 반드시 동사원형이 와야 합니다.

I **can** sing like a professional. 저는 프로처럼 노래를 부를 수 있습니다.

또는 상대의 '허가를 구할 때'나 상대의 요청을 '허가할 때' 사용합니다.
You **can** enter this building. 이 빌딩으로 들어가셔도 됩니다.

Step 2 연습문제

○ 다음 괄호 안에서 맞는 표현을 골라 보세요.

1 저는 수영을 할 수 있습니다. ➡ I (can / be able to) swim.

2 허가 없이 나가셔도 됩니다.
  ➡ You (can leave / can left) without permission.

3 불을 끄면 에너지를 절약할 수 있습니다.
  ➡ You (can save / can will save) energy by turning lights off.

4 휴대폰으로 티비를 볼 수 있습니다.
  ➡ You (must / can) watch TV on your cell phone.

5 치타는 100미터를 5초에 달릴 수 있습니다.
  ➡ A cheetah (can / will) run 100 meters in five seconds.

6 새들은 아름답게 노래할 수 있습니다.
  ➡ Birds (can / must) sing beautiful songs.

정답 ○ 1 can 2 can leave 3 can save 4 can 5 can 6 can

077 조동사 could의 용법

Step 1 개념잡기

could는 can의 과거형으로, 과거에 '~을 할 수 있었다'라는 의미를 갖습니다. 또한 미래의 가능성을 나타낼 때 예상이 빗겨갈 수도 있음을 전제하고 사용합니다. 조동사 뒤에는 반드시 동사원형이 와야 합니다.

I couldn't sleep last night.
저는 어젯밤에 잠을 이룰 수 없었습니다. [능력, be able to의 의미]

It could rain tomorrow.
내일 비가 올 수도 있습니다. [정확한 정보가 없어 확신을 못하는 상황]

〈could have+p.p.〉는 '~했을 수도 있었는데 못했다'라는 과거 일에 대한 후회를 나타냅니다.

I could have gone to London, but I didn't.
저는 런던으로 갈 수도 있었지만 안 갔습니다.

Step 2 연습문제

○ 다음 괄호 안에서 맞는 표현을 골라 보세요.

1 제가 어렸을 때 1마일을 10초 내로 뛸 **수 있었습니다**.
 ➡ When I was younger, I (could / could have) run a mile in under ten seconds.

2 제가 차기 대통령이 **될 수도 있습니다**.
 ➡ I (could be / could have been) the next president.

3 저는 더 잘 **할 수 있었지만** 그러질 못했습니다.
 ➡ I (could / could have) done better.

4 저는 그에게 제가 사진을 잘 찍**는다고** 말했습니다.
 ➡ I told him that I (can / could) take good pictures.

○ 정답 1 could 2 could be 3 could have 4 could

Point 078 조동사 may-might의 용법

Step 1 개념잡기

may는 must보다 약한 추측을, might는 may보다 약한 추측을 나타냅니다.

You **may** get help from Tom. 당신은 톰으로부터 도움을 얻을 수 있을 것입니다.

격식을 갖춘 문장에서 **정중한 허가**를 나타냅니다. 조동사 뒤에는 반드시 동사원형이 와야 합니다.

Visitors **may** enter our office through the front doors.
방문객들은 정문을 통해 사무실로 들어오실 수 있습니다.

Step 2 연습문제

○ 다음 괄호 안에서 맞는 표현을 골라 보세요.

1. 저희는 추가 서류를 **요청드릴 수 있습니다**.
   → We (may request / may requested) additional documents.

2. 수면 과다는 건강에 해로울 **수 있습니다**.
   → Getting too much sleep (may / mays) adversely affect your health.

3. 우리 가격은 실제 시장 가격과 다를 **수 있습니다**.
   → Our prices (may / may have) differ from the actual market price.

4. 저는 여름에 무엇을 할지 결정을 못했습니다. 파리에 갈 **지도 몰라요**.
   → I haven't decided what to do this summer. I (must / might) go to Paris.

5. 제가 틀렸을지도 모르겠습니다. → I (may / will) be wrong.

정답: 1 may request 2 may 3 may 4 might 5 may

Review
다음 괄호 안에서 맞는 표현을 골라 보세요.

1. 내일 쇼핑이 **너무 기다려집니다**.
   → I (can't wait / couldn't wait) to shop tomorrow.
   hint can't wait는 '빨리 ~을 했으면 좋겠다'는 뜻입니다.

2. 규칙을 따라**야 합니다**.
   → You (must / might) obey rules.
   hint 강력한 어조의 명령에 must를 씁니다.

3. 직업으로 인생을 바꿀 **수도 있습니다**.
   → Your job (may / could) change your life.

4. 저는 서울에서 **꼭 가 봐야 할** 장소를 찾고 있습니다.
   → I am looking for the (must-see / may-see) places in Seoul.
   hint must-see는 '꼭 봐야 할'이라는 뜻의 복합어입니다.

5. 저는 제가 뉴욕에 있다는 것이 아직도 믿기**지 않습니다**.
   → I still (can't / shouldn't) believe I am in New York.

6. 저는 더 열심히 **노력했어야 했습니다**.
   → I (should've tried / could've tried) harder.

7. 예전에 돈을 더 많이 벌 **수도 있었습니다**.
   → I (could have / must have) made more money long ago.

8. 잠이 오면 운전을 하면 **안 됩니다**.
   → If you feel sleepy, you (must / can) not drive any vehicle.
   hint 강한 어조의 명령에는 must를 씁니다.

9. 가난한 이들을 돌봐**야 합니다**.
   → We (can / should) take care of the poor.
   hint 도덕적 훈계에는 should를 씁니다.

모범 답안

1 can't wait   2 must   3 may   4 must-see   5 can't   6 should've tried
7 could have   8 must   9 should

Point 079 조동사 will의 용법

Step 1 개념잡기

will은 미래의 일을 예측할 때 쓰고, be going to와 같은 의미입니다.
I **will** meet my friend after work. 저는 퇴근 후에 친구를 만날 거예요.
약속을 했거나 그 일을 할 의향이 있음을 나타낼 때 사용합니다.
I **will** see you next time. 다음에 뵙겠습니다.

will은 고집이나 의지를 나타내기도 합니다. 또한 사물을 주어로 쓰면 작동 여부를 설명하게 됩니다.
The lid **won't** open. 뚜껑이 안 열립니다.

Step 2 연습문제

○ 다음 괄호 안에서 맞는 표현을 골라 보세요.

1. 내일 비가 올 거예요. → It (rained / will rain) tomorrow.

2. 내일 점심에 참석하겠습니다.
   → I (will join / will joined) you at lunch.

3. 제 차가 움직이지 않습니다.
   → My car (won't start / will start not).

4. 이번 주에 쇼핑을 가려 합니다.
   → I (went / will go) shopping this weekend.

5. 저는 내일 회사에 못 갈 것 같습니다.
   → I (won't can / won't be able to) make it to work tomorrow.

6. 이 책을 읽으면 행복해질 것입니다.
   → This book (will made / will make) you happy.

○ 정답 1 will rain 2 will join 3 won't start 4 will go 5 won't be able to 6 will make

Point 080 | 조동사 would의 용법

Step 1 개념잡기

would는 will의 과거형으로, '~을 할 것이었다'라고 해석합니다.
I thought I **would** be a famous artist. 저는 제가 유명한 예술가가 될 줄 알았습니다.

가정이나 상상을 할 때도 사용합니다.
It **would** be better to stay here. 여기 머무르는 것이 더 나을 것 같습니다.

would like to는 '~이 하고 싶다'라는 뜻입니다.
I **would like to** meet you in the near future. 조만간 당신을 뵙고 싶습니다.

Step 2 연습문제

○ 다음 괄호 안에서 맞는 표현을 골라 보세요.

1 그는 중국으로 가겠다고 말했습니다.
   → He said he (will / would) go to China.

2 저는 당신과 함께 사업을 하고 싶습니다.
   → (I'd / I'll) like to do business with you.

3 단 걸 먹으면 인생이 행복해집니다.
   → My life (would be / would is) better with sweets.

4 저는 집을 사고 싶어요.
   → I (will like to / would like to) buy a house.

5 저는 CEO가 되리라는 것을 알고 있었습니다.
   → I knew I (will / would) be a CEO.

6 이 직무에 대해 더 많이 알고 싶습니다.
   → I (will like to / would like to) know more about this job position.

○ 정답 1 would 2 I'd 3 would be 4 would like to 5 would 6 would like to

Point 081 조동사 shall의 용법

Step 1 개념잡기

shall은 I, we를 주어로 해서 **미래를 나타낼 때** 사용합니다. 하지만 shall은 딱딱하고 낡은 느낌을 주기 때문에 will을 대신 사용하는 경우가 많습니다.

We shall be late. 우리 늦을 거예요.

shall이 가장 흔하게 쓰이는 경우는 **격식을 차려야 하는 공적 문서**에서입니다.

You shall be responsible for any damages.
당신은 모든 파손에 책임이 있습니다.

Step 2 연습문제

○ 다음 괄호 안에서 맞는 표현을 골라 보세요.

1 당신은 비밀 정보를 누설해서는 **안 됩니다**.
   → You (not shall / shall not) disclose any confidential information.

2 이 계약은 국제법을 준수**합니다**.
   → International laws (shall / shall will) govern this contract.

3 우리 가도 **될까요**? → (Must / Shall) we go now?

4 내일 회의에 참석**할 수 있을 것 같습니다**.
   → I (shall can / shall be able to) attend a meeting tomorrow.

5 이 규율은 모두에게 공평히 적용**됩니다**.
   → This rules (shall be / shall is) applied impartially.

○ 정답: 1 shall not 2 shall 3 Shall 4 shall be able to 5 shall be

082 let의 용법

Step 1 개념잡기

let은 allow(~을 허락/허가하다)와 비슷한 의미로 make(~가 …하도록 강제하다), have(~가 …하도록 시키다)와는 그 뜻이 다르게 사용됩니다.

He **let** me in to the building. 그는 나를 건물 안으로 들여 보내 주었습니다.

let's는 let us 의 약자로, 대부분 축약형으로만 사용되며, '~하자'라는 권유의 의미입니다.

Let's call the whole thing off. 모든 것을 취소합시다.

Step 2 연습문제

○ 다음 괄호 안에서 맞는 표현을 골라 보세요.

1 우리 부모님은 제가 술을 못 마시게 하십니다.
   → My parents won't (let / allow) me drink.

2 저의 상사는 제가 일찍 퇴근하지 못하게 합니다.
   → My boss won't (let / make) me get off work early.

3 시작합시다. → (Let's / Let it) get started.

4 세상을 바꿉시다. → (Let's / Let it) change the world.

5 그는 제가 말을 마치도록 해 주지 않았습니다.
   → He didn't (let me / let me to) finish my sentence.

6 처음부터 다시 시작합시다.
   → (Let / Let's) me start from the beginning.

○ 정답 1 let 2 let 3 Let's 4 Let's 5 let me 6 Let

083 had better의 용법

Step 1 개념잡기

조언, 권유를 할 때 쓰이는 ought to는 should와 같은 뜻입니다.
You **ought to** stay home. 집에 있는 것이 좋을 거예요.

had better는 ought to나 should보다 강하게 상대방을 설득하는 어감을 갖고 있습니다. '하지 않으면 안 좋은 일이 일어날 것이므로 꼭 해야 한다'라는 의미입니다.
You**'d better** keep your word. 약속은 지키는 것이 좋을 것입니다.

Step 2 연습문제

○ 다음 괄호 안에서 맞는 표현을 골라 보세요.

1 근로자들은 자신의 권리를 지켜야 합니다.
   → Workers (ought / ought to) protect their own rights.

2 저는 말을 조심해서 할 필요가 있습니다.
   → (I'd better be / I'd better are) careful with what I say.

3 지금 이 일을 해 놓지 않으면 나중에 난처해질 거예요.
   → You (had better / have better) do this now, or you will be in trouble.

4 그녀에게 사실을 이야기하면 안 돼요.
   → You (had better not / hadn't better) tell her the truth.

5 제 말을 따르는 것이 좋습니다.
   → You (had better / have better) listen to me.

정답 1 ought to 2 I'd better be 3 had better 4 had better not 5 had better

084 used to의 용법

Step 1 개념잡기

과거에 습관처럼 자주 했거나 일정한 상태를 유지했지만 지금은 그렇지 않은 일을 used to로 표현합니다. 여기에 구체적인 시간 부사구는 함께 쓰지 않습니다.

I **used to** drink during college. 저는 대학 시절 술을 마시곤 했습니다.

반면 비슷한 표현인 would는 여러 번 반복적인 행동을 했다는 어감이 있으며 주로 빈도를 나타내는 부사 혹은 부사구와 함께 사용합니다.

I **would** play soccer every Monday. 저는 매주 월요일마다 축구를 했었습니다.

Step 2 연습문제

◦ 다음 괄호 안에서 맞는 표현을 골라 보세요.

1 그녀는 예전에 예뻤습니다. → She (used to / would) be pretty.

2 어렸을 때 저는 하루에 다섯 끼를 먹었습니다.
   → When I was young, I (use to / used to) eat five meals a day.

3 그는 대학 시절 일주일에 다섯 번씩 술을 마셨습니다.
   → He (will / would) drink five times a week during college.

4 저는 예전에 아침 일찍 공부하곤 했습니다.
   → I (will / used to) study early in the morning.

5 저는 자동차로 출근을 했었습니다.
   → I (use / used) to drive to work.

◦ 정답 1 used to 2 used to 3 would 4 used to 5 used

Review

다음 괄호 안에서 맞는 표현을 골라 보세요.

1 저는 10년 뒤의 제가 **어떨지** 궁금합니다.
   → I wonder where I (will / would) be in 10 years.
   hint 미래의 일에는 조동사 will을 씁니다.

2 저는 운동을 통해 더 나은 삶을 살 수 **있을 거라고** 생각합니다.
   → I think exercising (had better / will) make my life better.

3 사람은 자신이 얼마나 오래 **살지** 알 수 없습니다.
   → You don't know how long you (used to / will) live.

4 시간에 맞춰 도착**하셔야 합니다**.
   → You (used to / had better) be on time.
   hint had better는 강한 어조로 상대방에게 조언을 할 때 사용합니다.

5 저는 예전에 외식을 많이 **했었습니다**. → I (used to / let) eat out a lot.
   hint used to는 과거에 습관처럼 자주 했지만 지금은 하지 않는 일에 씁니다.

6 이 고용 조건은 모든 직원들에게 적용**됩니다**.
   → These terms and conditions of employment (shall / let) apply to all staff.
   hint 공식 문서에서 '~일 것이다'라는 의미를 나타낼 때 shall을 많이 씁니다.

7 제가 다시 어린이가 된다면 공부를 열심히 **할** 것 같습니다.
   → If I were a child again, I (will / would) study hard.
   hint 가정법 과거 문장에서 주절에 조동사의 과거시제를 사용합니다.

8 현 직장에서 사표를 못 **쓰게 할** 것 같습니다.
   → My current company won't (let / let's) me quit.
   hint 〈let+목적어+동사원형〉은 '~가 …하도록 허가하다'라는 의미입니다.

모범 답안

1 will 2 will 3 will 4 had better 5 used to 6 shall 7 would 8 let

Point 085 다른 사람을 시킬 때 쓰는 동사

Step 1 개념잡기

〈have ~ p.p.〉나 〈get ~ to부정사〉 형태는 '~하도록 다른 사람에게 시키다'라는 뜻입니다. 그러나 경우에 따라 능동형이나 수동태 문장을 쓰는 것이 오히려 자연스러울 수 있으니 주의해서 사용합니다.

I **had** my car washed. 다른 사람에게 세차를 시켰습니다.
_{have(get)을 써서 내가 아닌 다른 사람이 행동의 주체라는 뜻을 전달합니다.}

She **had** her wallet stolen. → Someone **stole** her wallet.
_{have(get)를 쓰는 것보다 능동형이나 수동태 문장으로 표현하는 것이 더 자연스럽습니다.}
그녀는 지갑을 도난당했습니다.

Step 2 연습문제

○ 다음 괄호 안에서 맞는 표현을 골라 보세요.

1 저는 이빨을 4개 **뽑았습니다**.
   → I have four teeth (to remove / removed).

2 잭은 제게 자기 차를 수리**하도록 시켰습니다**.
   → Jack (got / made) me to fix his car.

3 머리를 **잘랐습니다**. → I had my hair (cut / cutted).

4 저는 어제 차를 **수리** 맡겼습니다.
   → I had my car (repair / repaired) yesterday.

5 우리 아이들이 공부하도록 **시켜야** 합니다.
   → I need to get my kids (to study / studied).

6 집을 **페인트 칠하는 데** 100달러가 들었습니다.
   → I paid $100 to have my house (paint / painted).

○ 정답 1 removed 2 got 3 cut 4 repaired 5 to study 6 painted

086 동사 go의 다양한 의미

Step 1 개념잡기

- He **went** to Japan. 그는 일본으로 갔습니다. ➡ (상대방으로부터 멀어져) 가다
- He **goes** to college. 그는 대학을 다닙니다. ➡ ~를 다니다
- The food **went** bad. 음식이 상했습니다. ➡ (대개 부정적인 뉘앙스로) ~ 상태가 되다 [go+형용사]
- Let's **go** for a swim. 수영하러 갑시다. ➡ ~하러 가다 [go+-ing / go for+명사]
- My interview **went** well. 인터뷰가 잘 끝났습니다. ➡ (일의 진행 상황이) ~하게 되다
- My cold won't **go** away. 감기가 떨어지지 않습니다. ➡ 사라지다 [go away]

Step 2 연습문제

다음 괄호 안에서 맞는 표현을 골라 보세요.

1 무엇이 잘못**된** 건지 모르겠습니다.
   ➡ I don't know what (went / came) wrong.

2 많은 요리와 잘 어울**리는** 와인이 있습니다.
   ➡ There are some wines that (go / take) well with many dishes.

3 이 옷은 흰 색 운동화와 어울**립니다**.
   ➡ This dress goes well (to / with) white sneakers.

4 원화 가치가 올**랐습니다**.
   ➡ The value of the Korean Won went (up / upward).

정답 1 went 2 go 3 with 4 up

Point 087 동사 come의 다양한 의미

Step 1 개념잡기

- I have to check who's **coming** to dinner. 저녁에 누가 오는지 체크해야 합니다. ➜ (상대방을 향해) **가다**
- The news **came** as a surprise to us. 우리는 그 뉴스를 듣고 놀랐습니다.
  ➜ **일이 일어나다**
- I **come** from Chicago. 저는 시카고 출신입니다. ➜ **~의 출신이다** [come from]
- I am **coming** down with a cold. 저는 감기가 걸렸습니다. ➜ (진행형으로) **가벼운 병에 걸리다, 비나 눈이 많이 오다** [come down]

Step 2 연습문제

○ 다음 괄호 안에서 맞는 표현을 골라 보세요.

1. 기말고사가 **다가옵니다**.
   ➜ I have my final exams (**coming up** / coming down).

   > come up: 다가가다, (날짜가) 다가오다

2. 그는 저를 만나러 **내려왔습니다**.
   ➜ He (**came down** / come down) to visit me.

3. 비가 많이 **옵니다**. ➜ The rain is (coming up / **coming down**).

4. 해가 **떠서** 하늘에서 밝게 빛났습니다.
   ➜ The sun (comes / **came**) out and it was shining brightly in the sky.

5. 잭은 항상 좋은 아이디어를 생각**해 냅니다**.
   ➜ Jack always (**comes up with** / comes down to) good ideas.

   > come up with: (생각 등을) 하다, 제안하다

6. 제 책이 5월에 **나옵니다**.
   ➜ My book is coming (in / **out**) in May.

○ 정답 1 coming up 2 came down 3 coming down 4 came 5 comes up with 6 out

Point 088 동사 take의 다양한 의미

Step 1 개념잡기

- Someone **took** my wallet and other belongings. 누군가가 제 지갑과 소지품을 훔쳐갔습니다. → 가지고가다, 빼앗다
- He **took** me out for dinner. 그는 제게 저녁을 사 주었습니다. → 데리고 가다
- **Taking** the stairs burns a lot of calories. 계단을 오르면 칼로리가 많이 소모됩니다. → 타다
- We **take** the issue seriously. 우리는 그 문제를 진지하게 생각합니다. → 말, 충고 등을 받아들이다
- I **took** Economics 101 as an elective. 저는 경제학 원론을 선택 과목으로 들었습니다. → 수강하다

Step 2 연습문제

다음 괄호 안에서 맞는 표현을 골라 보세요.

1. 저는 11학년 때 생물학을 **들었습니다**.
   → I (got / took) Biology in 11th grade.

2. 저의 상사는 제게 화풀이**를 합니다**.
   → My boss (takes / gets) his anger out on me.

3. 비가 와서 우산을 **챙겼습니다**.
   → I (had / took) an umbrella because it was raining.

4. 이 식당은 신용 카드를 **받지** 않습니다.
   → This restaurant doesn't (take / buy) credit cards.

5. 한국인은 집에 들어가기 전에 신발을 **벗습니다**.
   → Koreans take their shoes (of / off) before entering a home.

> take off: 이륙하다, 옷을 벗다

정답 1 took 2 takes 3 took 4 take 5 off

089 동사 get의 다양한 의미

Step 1 개념잡기

- I **got** a speeding ticket. 과속 딱지를 받았습니다. ➔ (물건 등을) **받다**
- I **got** her a box of chocolates for her birthday. 저는 그녀에게 생일 선물로 초콜렛 한 상자를 주었습니다. ➔ **~에게 …를 주다**
- I **get** angry for no reason. 저는 이유 없이 화가 납니다. ➔ **~하게 되다** [get+형용사]
- He **got** punished for fighting in school. 그는 학교에서 싸워서 벌을 받았습니다. ➔ **수동태에서 be동사 대신**

Step 2 연습문제

○ 다음 괄호 안에서 맞는 표현을 골라 보세요.

1 저는 차에 치였습니다. ➔ I (got / took) hit by a car.

2 저 취업했어요. ➔ I (got / brought) a job.

3 크리스틴은 친구들과 잘 어울려 지냅니다.
  ➔ Christine (comes / gets) along well with friends.

4 그는 이별을 극복하는 방법에 대해 조언을 주었습니다.
  ➔ He gave me advice on how to (get / take) over a breakup.

5 성공하는 사람들은 아침에 일찍 일어납니다.
  ➔ Successful people get (up / down) early in the morning.

   get up : 일어나다

6 삶으로부터 도망치고 싶어요.
  ➔ I want to get (away from / off to) life.

   get away : 떠나다

정답 1 got 2 got 3 gets 4 get 5 up 6 away from

Point 090 동사 give의 다양한 의미

Step 1 개념잡기

- He **gave** me false information about Korean history.
  그는 제게 한국 역사에 관한 잘못된 정보를 주었습니다. ➜ **주다**

- The students **gave** their thoughts on bullying. 학생들이 따돌림에 대한 자신의 의견을 나눴습니다. ➜ **생각을 하다**

- I **give** the movie a perfect 10. 저는 그 영화에 10점 만점을 주겠습니다.
  ➜ **점수를 주다**

Step 2 연습문제

○ 다음 괄호 안에서 맞는 표현을 골라 보세요.

1 존은 제게 자신의 전화번호를 가르쳐 **주었습니다**.
  ➜ John (**gave** / taught) me his number.

2 제니퍼는 저를 못살게 **굴었습니다**.
  ➜ Jennifer (got / **gave**) me a hard time.

3 우리 프로젝트에 대한 당신의 생각을 나눠 **주세요**.
  ➜ Please (**give** / take) us your thoughts on our project.

4 저의 상사는 제 업무에 더 많은 권한을 **부여했습니다**.
  ➜ My boss (**gave** / given) me more responsibility at work.

5 꿈을 **포기해서는** 안 됩니다. *give up: 포기하다*
  ➜ You shouldn't give (**up** / to) on your dreams.

6 장미는 향기가 **납니다**. *give off : 향기를 뿜다*
  ➜ Roses give (**off** / out) a scent.

7 그는 나를 자동차로 태워 **줬습니다**. ➜ He (**gave** / got) me a ride.

정답 1 gave 2 gave 3 give 4 gave 5 up 6 off 7 gave

Review

다음 괄호 안에서 맞는 표현을 골라 보세요.

1. 제 상사는 제게 화풀이를 **합니다**.
   → My boss (took / gave) his anger out on me.
   hint take one's anger out on somebody는 '~에게 화풀이를 하다'라는 뜻입니다.

2. 저는 남편에게 방을 청소하라고 **시켰습니다**.
   → I (came / got) my husband to clean his room.

3. 우리는 리사에게 깜짝 선물을 **주었습니다**.
   → We (had / gave) a surprising present for Lisa.

4. 그는 좋은 사람 **이미지를 가지고 있습니다**.
   → He (comes across / goes across) as a nice person.
   hint come across는 '~의 이미지가 있다'라는 뜻입니다.

5. 화를 **삭이는** 것은 쉽지 않습니다.
   → (Getting / Having) rid of anger is not easy.
   hint get rid of는 '~을 제거하다', '없애다'라는 뜻입니다.

6. 음식이 **상했습니다**.
   → The food (went bad / got bad).

7. 저는 긴장을 풀기 위해 심호흡을 **했습니다**.
   → I (took / got) a deep breath to relax.

8. 저는 영어 이름 없이 민수라는 한국어 이름을 **씁니다**.
   → I don't have an English name. I just (go / come) by my Korean name, Minsu.
   hint go by는 '~을 따르다'라는 뜻입니다.

모범 답안

1 took   2 got   3 gave   4 comes across   5 Getting   6 went bad   7 took   8 go

Point 091 동사 run의 다양한 의미

Step 1 개념잡기

- **Running** a marathon is challenging. 마라톤을 뛰는 것은 도전적입니다.
  → 달리다
- I am **running** a small business. 저는 작은 사업체를 운영하고 있습니다.
  → 사업을 하다
- The Han River **runs** to the south. 한강은 남쪽으로 흐릅니다.
  → (강 등이) 흐르다
- The bus **runs** every five minutes. 버스는 5분마다 다닙니다.
  → (버스 등이) 다니다
- He is **running** for president in 2015. 그는 2015년에 대선에 출마합니다.
  → 출마하다

Step 2 연습문제

다음 괄호 안에서 맞는 표현을 골라 보세요.

1. 감기 때문에 콧물이 **흐릅니다**.
   → My nose is (blowing / running) because of a cold.

2. 버스는 오늘밤 **운행하지** 않습니다.
   → The bus isn't (going / running) tonight.

3. 집에서 **나가고** 싶습니다.
   → I want to (run / take) away from home.

4. 강물이 **마르고** 있습니다.
   → The river has been (running / drying) low.

5. 시간이 다 **되었습니다**.
   → We're running (up / out of) time.

> run out : 다 쓰다

정답 1 running 2 running 3 run 4 running 5 out of

092 동사 put의 다양한 의미

Step 1 개념잡기

- I **put** some money into a piggy bank. 저는 돼지 저금통에 돈을 넣어 두었습니다. ➡ 두다, 놓다, 넣다
- My mom **puts** so much pressure on me. 엄마가 제게 압력을 엄청나게 줍니다. ➡ ~을 가하다, 부여하다
- The laws will be **put** into effect as of tomorrow. 그 법안이 내일부터 시행됩니다. ➡ 특정 상황이 되게 하다

Step 2 연습문제

다음 괄호 안에서 맞는 표현을 골라 보세요.

1 살인자는 사형에 **처해야** 합니다.
   ➡ Murderers must (put / be put) to death.

2 선생님들은 조기 교육을 특별히 강조를 **합니다**.
   ➡ Teachers (put / take) special emphasis on early education.

3 저는 당신의 악행을 더 이상 **참을** 수 없습니다.
   ➡ I can't put up (with / to) your bad behavior any more.

   > put up with : 참다, 견디다

4 병원 예약이 다음 주로 **미뤄졌습니다**.
   ➡ Your doctor's appointment has been put (on / off) until next week.

   > put off : 미루다

5 저는 아이들에게 옷 **입는** 법을 가르쳤습니다.
   ➡ I taught my kids how to put (on / off) clothes.

   > put on : 옷을 입다

정답 1 be put 2 put 3 with 4 off 5 on

Point 093 동사 do의 다양한 의미

Step 1 개념잡기

- I am **doing** my homework. 저는 숙제를 하고 있어요. → 하다
- I am **doing** well. 저는 잘 지내고 있어요. → (일의 진행 상황이) ~하게 되어가다
- I need to get things **done** on time. 일을 제때 마쳐야 합니다. → 마치다
- Any stories will **do**. 어떤 이야기라도 좋습니다. → 충분하다
- Success has nothing to **do** with money. 성공은 돈과 아무 관련이 없습니다.
  → ~와 관련이 있다/없다 [have something/nothing to do with]

Step 2 연습문제

○ 다음 괄호 안에서 맞는 표현을 골라 보세요.

1. 미란다는 학교에서 잘하고 있습니다.
   → Miranda (**does** / goes) well in school.

2. 저는 제 프로젝트를 더 빨리 끝내야 합니다.
   → I must get my projects (to do / **done**) faster.

3. 그는 아만다의 죽음과 관련이 있습니다.
   → He has something to (**do** / relate) with Amanda's death.

4. 저는 그와의 관계를 끝냈습니다. → I am (do / **done**) with him.

5. 아침에 뛰면 몸에 좋습니다.
   → A morning run would do you (**good** / better).

   > do (someone) good/harm : 이롭다/해롭다

6. 레스토랑에서 팁을 주는 것을 없애야 합니다.
   → We should do away (from / **with**) tipping at a restaurant.

   > do away with : 없애다

○ 정답 1 does 2 done 3 do 4 done 5 good 6 with

Point 094 반복을 막아주는 동사 do

Step 1 개념잡기

같은 동사가 반복될 때 두 번째 이후부터 나오는 동사는 do로 대신 받을 수 있습니다. 이를 이용하여 같은 동사가 계속해서 나오는 단조로움을 피할 수 있습니다.

A Who took you home? 누가 당신을 집까지 바래다 줬나요?
B Jeremy **did**. 제레미가요.
   did는 took을 대신해 쓰였습니다.

Anna speaks better English than Jack **does**.
speak 대신 does를 썼으며 생략이 가능
애나는 잭보다 영어를 더 잘합니다.

Step 2 연습문제

○ 다음 괄호 안에서 맞는 표현을 골라 보세요.

1 그녀는 예전에 여기서 일했지만 지금은 더 이상 일하지 **않습니다**.
   → She used to work here before but no longer (do / does).

2 그가 내게 빨래를 하라고 말해서 그렇게 **했습니다**.
   → He asked me to do the laundry and I (do / did).

3 저는 축구를 당신만큼 좋아**합니다**.
   → I like soccer as much as you (do / does).

4 그녀는 채식을 하고 저도 **그렇습니다**.
   → She follows a vegan diet and so (do / does) I.

5 그녀는 정치에 관심이 없고 저도 **마찬가지입니다**.
   → She doesn't care about politics and neither (do / does) I.

○ 정답 1 does 2 did 3 do 4 do 5 do

095 동사 fall의 다양한 의미

Step 1 개념잡기

- Leaves **fall** off the trees in the fall. 가을에는 나무에서 나뭇잎이 떨어집니다.
  → 떨어지다
- I **fell** down the stairs and broke my leg. 계단에서 넘어져서 다리를 다쳤습니다.
  → 넘어지다
- Home prices are **falling** by 20%. 주택 가격이 20% 떨어졌습니다. → 줄어들다
- My hair is **falling** out. 탈모가 있습니다. → (이빨, 머리카락이) 빠지다
- Christmas **falls** on a Sunday this year. 올해 크리스마스는 일요일입니다.
  → (날짜가) ~에 해당하다 [fall on]

Step 2 연습문제

○ 다음 괄호 안에서 맞는 표현을 골라 보세요.

1. 저는 차가 고장 날 때까지 끌고 다닐 겁니다.
   → I will drive my car until it (falls apart / falls through).

   fall apart: 산산 조각나다, 고장 나다

2. 주식이 4개월 연속으로 떨어졌습니다.
   → Stocks (fell / go) for the fourth straight month.

3. 한 남자가 사진을 찍다가 절벽에서 떨어졌습니다.
   → A guy (fell off / fell up) a cliff while taking pictures.

4. 자동차가 사고 후에 고장 났습니다.
   → My car fell (away / apart) after the accident.

5. 제 계획이 수포로 돌아갔습니다.
   → My plan fell (down / through).

   fall through : (계획 등이) 불발에 그치다

6. 저는 그녀와 사랑에 빠졌습니다.
   → I (fall / turn) in love with her.

   fall in love : 사랑에 빠지다

○ 정답 1 falls apart 2 fell 3 fell off 4 apart 5 through 6 fall

Point 096 동사 have의 다양한 의미

Step 1 개념잡기

- I **have** two brothers. 형제가 두 명 있습니다. ➡ 가지다
- He **has** blue eyes. 그는 눈이 파랗습니다. ➡ (신체적 특성이) 있다
- I **had** dinner an hour ago. 저는 한 시간 전에 저녁을 먹었습니다. ➡ 먹다
- He **had** cancer treatment. 그는 항암 치료를 받았습니다. ➡ 받다
- I **have** a lot of work to do. 저는 할 일이 많습니다. ➡ (일, 문제 등이) 있다

Step 2 연습문제

○ 다음 괄호 안에서 맞는 표현을 골라 보세요.

1. 저는 차가 한 대 **있습니다**. ➡ I (have / take) a car.

2. 저는 일본인들에 대해 개인적인 감정은 **없습니다**.
   ➡ I don't (have / feel) anything personal against Japanese.

3. 저는 친구들과 점심을 **먹었습니다**.
   ➡ I (had / took) lunch with my friends.

4. 그녀는 머리가 **깁니다**. ➡ She (has / is) long hair.

5. 리치는 태도가 좋지 않습니다.
   ➡ Rich (has / gets) an attitude.

   > have an attitude : 불평하다, 태도가 좋지 않다

6. 저는 당신에게 개인적인 감정이 **있지는** 않습니다.
   ➡ I have nothing (with / against) you.

   > have something / nothing against : ~에 악감정이 있다/없다

7. 저는 스타가 되기 위해 필요한 것들을 **가지고 있습니다**.
   ➡ I (have / take) what it takes to be a star.

   > have what it takes : 자질을 갖추고 있다

○ 정답 1 have 2 have 3 had 4 has 5 has 6 against 7 have

Review

다음 괄호 안에서 맞는 표현을 골라 보세요.

1 저는 아침에 **달리기를** 합니다.
   → I (run / do) in the morning.

2 우리 회의가 다음 주 월요일로 **미뤄졌습니다**.
   → Our meeting has been (put off / had off) until Monday.

3 저는 집에서 빨래를 **했습니다**.
   → I (put / did) my laundry at home.

4 그 강이 **마르고** 있습니다.
   → The river (falls dry / runs dry).

5 그는 태도가 긍정적**입니다**.
   → He (has / put) a positive attitude.

6 제 휴대폰이 바닥에 **떨어졌습니다**.
   → My cell phone (ran down / fell down) on the floor.

7 이 기회를 **갖게 되어** 영광입니다.
   → I was lucky to (have / do) the opportunity.

8 간단하게 **말합시다**.
   → Let's (put / fall) it simply.

9 회사를 그만 두기 전에 **해야 할** 일이 5가지가 있습니다.
   → There are five things to (do / run) before leaving your job.

모범 답안

1 run 2 put off 3 did 4 runs dry 5 has 6 fell down 7 have 8 put
9 do

097 동사 hold의 다양한 의미

Step 1 개념잡기

- She was **holding** a baby in her arms. 그녀는 자신의 팔로 아기를 안고 있었습니다. ➡ 잡다
- I **held** his hands. 저는 그의 손을 쥐었습니다. ➡ 쥐다
- The concert hall **holds** more than 300 people. 이 콘서트 홀은 300명을 수용합니다. ➡ 수용하다
- The good weather will **hold** for the time being. 날씨가 당분간 좋을 것입니다. ➡ 지속되다
- Seoul will **hold** exhibition events. 서울에서 전시회를 열 것입니다. ➡ 이벤트를 열다

Step 2 연습문제

○ 다음 괄호 안에서 맞는 표현을 골라 보세요.

1 저는 빨리 먹기로 기네스 세계 기록에 **등재되었습니다**.
  ➡ I (hold / am) the Guinness World Record for eating fast.

2 저는 20초까지 숨을 **참을** 수 있습니다.
  ➡ I can (hold / cancel) my breath for up to 20 seconds.

3 2014년 월드컵은 브라질에서 **개최되었습니다**.
  ➡ The 2014 World Cup (held / was held) in Brazil.

4 눈물을 **참기** 힘들었습니다.
  ➡ I couldn't hold (off / back) my tears.

  hold back : 저지하다

5 그는 잭에 감정이 없습니다.
  ➡ He holds nothing (with / against) Jack.

  hold something against : ~에 원한을 가지다

○ 정답 1 hold 2 hold 3 was held 4 back 5 against

Point 098 동사 turn의 다양한 의미

Step 1 개념잡기

- I **turned** a key in the lock to my bedroom. 침실 자물쇠 열쇠를 돌렸습니다.
  → 돌다, 돌리다
- The Korean economy is going to **turn** around. 한국 경제가 호전되고 있습니다. → (좋은 방향으로) 변하다
- My face **turns** red when I drink. 저는 술을 마시면 얼굴이 빨개집니다.
  → (~의 상태로) 변하다
- I am **turning** 20 soon. 저는 곧 20살이 됩니다. → ~의 나이가 되다
- **Turning** a light on and off increases your electricity bill. 불을 껐다 켜면 전기세가 많이 나옵니다. → (불을) 켜다/끄다 [turn on/off]

Step 2 연습문제

다음 괄호 안에서 맞는 표현을 골라 보세요.

1. 좋아하는 사람으로부터 거절을 당했습니다.
   → I (turned / got turned) down by my crush.

2. 우리 회사는 종업원 이탈률이 높습니다.
   → Our company experiences a high (turnover / turnning-over) rate.

   turnover rate는 종업원 이탈률을 뜻합니다.

3. 파란 불이 됐을 때 좌회전했습니다.
   → I (went / turned) left when the light (turned / grew) green.

4. 볼륨을 쭉 내렸습니다.
   → I turned the volume all the way (back / down).

   turn up/down : 키우다/낮추다

5. 지원한 회사에서 떨어졌습니다.
   → I was turned (up / down) for the job.

   turn down : 거절하다

정답: 1 got turned 2 turnover 3 turned, turned 4 down 5 down

Point 099 동사 work의 다양한 의미

Step 1 개념잡기

- I **work** 50 hours a week. 저는 일주일에 50시간 일합니다. ➜ 일하다
- I **worked** hard in high school. 저는 학교에서 열심히 일합니다. ➜ 공부하다
- Some cold remedies don't **work**. 어떤 감기 치료법은 효과가 없습니다.
  ➜ 효과, 효력이 있다
- My computer isn't **working**. 컴퓨터가 작동을 안 합니다. ➜ 작동하다
- I am **working** on some projects. 프로젝트 몇 개를 진행 중입니다.
  ➜ (~을) 진행하다 [work on]
- I **work** out to get in shape. 몸매 유지를 위해 운동을 합니다.
  ➜ 운동하다 [work out]

Step 2 연습문제

○ 다음 괄호 안에서 맞는 표현을 골라 보세요.

1 저는 엄청난 압박감을 **안고 일합니다**.
   ➜ I (work under / work for) a lot of pressure.

2 저는 남보다 앞서기 위해 정말 열심히 **일합니다**.
   ➜ I am (having / working) really hard to get ahead.

3 저는 규칙적으로 **운동합니다**.
   ➜ I (work / work out) on a regular basis.

4 모든 일이 잘 **풀렸습니다**. ➜ Everything (works / working) well.

5 항생제가 **듣지** 않습니다.
   ➜ Antibiotics don't (work / works) for me.

6 저는 김 씨의 부하 직원**으로** 일합니다.
   ➜ I work (with / under) Ms. Kim.

> work under : ~의 하급 직원으로 일하다

○ 정답 1 work under 2 working 3 work out 4 works 5 work 6 under

Point 100 동사 break의 다양한 의미

- I accidentally **broke** a window. 실수로 창문을 깼습니다. ➜ 깨지다
- My computer is **broken**. 제 컴퓨터가 고장이 났습니다. ➜ 고장 나다
- I **broke** international laws when I traveled to China without a visa. 저는 비자 없이 중국 여행을 가서 국제법을 어겼습니다. ➜ (법 등을) 어기다
- It **breaks** my heart when my kids don't listen to me. 아이들이 제 말을 듣지 않을 때 가슴이 아픕니다. ➜ 가슴을 아프게 하다

○ 다음 괄호 안에서 맞는 표현을 골라 보세요.

1. 취업 실패를 하다 보니 제 가슴이 **아프네요**.
   ➜ My heart was (broken / break) after getting turned down for the job.

2. 저는 목소리로 유리잔을 **깰** 수 있어요.
   ➜ I can (break / hit) a glass with my voice.

3. 누군가 제 차에 **침입했습니다**.
   ➜ Someone broke (up / into) my car.

   > break into : 침입하다

4. 저는 여자 친구와 **헤어졌습니다**.
   ➜ I broke (down / up) with my girlfriend.

   > break up : (관계를) 중단시키다

5. 그 사고 소식을 듣자 마자 그녀는 눈물을 **흘렸습니다**.
   ➜ She broke (down / up) in tears after hearing the accident.

   > break down in tears : 울음을 터트리다

6. 저는 가장 깊숙한 곳까지 다이빙을 해서 세계 기록을 **깼습니다**.
   ➜ I (broke / got) the world record for the deepest dive.

○ 정답 1 broken 2 break 3 into 4 up 5 down 6 broke

Point 101 동사 need의 다양한 의미

need는 능동, 수동의 의미를 표현하기 위해 각각 **능동, 혹은 수동의 to부정사를 수반**합니다. 또한 want, require도 need와 비슷한 용법으로 사용됩니다.

I **need** to leave now. 저는 지금 떠나야 합니다.
I **need** to be informed of any changes.
저는 어떤 변동 사항이라도 보고 받아야 합니다.

need 뒤에 동명사 -ing를 붙이면 〈to be+p.p.〉와 같은 수동의 의미가 됩니다.

My baby **needs changing(to be changed)**.
우리 아기의 옷(기저귀)를 갈아 줘야 합니다.

○ need동사의 용법에 유의해서 괄호 안의 단어를 바꿔 보세요.

1 머리를 **잘라야**겠어요. ➡ My hair needs (cut).

2 이 집은 **청소를 해야**겠습니다. ➡ This house needs (clean).

3 그 나무에 **물을 줘야**겠습니다. ➡ The tree needs (water).

4 전기세를 **내야**합니다. ➡ The electricity bill needs (pay).

5 인터넷 개인 정보법이 **바뀌어야** 합니다.
➡ Internet privacy laws need (change).

6 저는 처음부터 다시 **시작해야** 합니다.
➡ I need (start) all over again.

정답 1 cutting/to be cut 2 cleaning/to be cleaned 3 watering/to be watered 4 paying/to be paid 5 changing/to be changed 6 to start

Review

다음 괄호 안에서 맞는 표현을 골라 보세요.

1 저는 사람이 많은 장소에서는 아이의 손을 **잡고** 다닙니다.
   → I (hold / need) my kid's hand in crowded places.
   hint hold는 '(손을) 잡다'라는 뜻입니다.

2 저는 술을 마시면 얼굴이 빨개**집니다**.
   → My face (turns / works) red when I drink.

3 매일 **운동하면** 건강에 좋지 않을 수도 있습니다.
   → (Working out / breaking out) every day can be bad for your health.
   hint work out은 '운동하다'라는 뜻입니다.

4 그의 비즈니스 전략은 효과가 **좋았습니다**.
   → His business strategies (turned / worked) well.
   hint work는 '(전략이나 약 등이) 효과를 내다', '효험이 있다'라는 뜻입니다.

5 저는 수당 없이 야근을 **했습니다**.
   → I (worked / held) overtime without pay.

6 야구를 보기 전에 야구에 대해 공부를 조금 해 둘 **필요가 있습니다**.
   → You (need to / turn to) know a little about baseball before watching it.
   hint need to는 '~할 필요가 있다'는 뜻입니다

7 아기는 보살핌이 **필요합니다**.
   → Babies (need / get) to be taken care of.
   hint need 동사 뒤에 to be p.p.를 붙여 수동의 의미를 표현합니다.

모범 답안

1 hold   2 turns   3 Working out   4 worked   5 worked   6 need to   7 need

143

Part 6

문장과 문장 연결하기

- Point 102
- Point 103
- Point 104
- Point 105
- Point 106
- Point 107
- Point 108
- Point 109
- Point 110
- Point 111
- Point 112
- Point 113
- Point 114
- Point 115
- Point 116
- Point 117
- Point 118
- Point 119
- Point 120
- Point 121
- Point 122

102 비슷한 것끼리 연결할 땐 and

Step 1 개념잡기

비슷하거나 동등한 것을 이을 때 접속사 and를 사용합니다. 이때 and의 앞뒤에 등장하는 단어는 품사나 형태를 통일시킵니다.

I like soda **and** energy drinks. 저는 탄산음료와 에너지 드링크를 좋아합니다.
_{and의 앞뒤로 같은 품사(명사)를 배치시켰습니다}

and는 and so(그래서/그 결과)와 같은 인과관계나 and then(~한 이후, 이어서) 과 같은 사건의 순서를 나타낼 수도 있습니다.

Step 2 연습문제

○ 다음 괄호 안에서 맞는 표현을 골라 보세요.

1 제시카는 성격이 외향적**이며** 사람들을 웃게 만듭니다.
   → Jessica is outgoing (and / but) makes people laugh.

2 학교에서 점심을 걸**러서** 지금 배가 고픕니다.
   → I skipped lunch at school (and / because) now I am getting hungry.

3 존은 제게 쿠키**와** 케이크를 주었습니다.
   → John gave me cookies (and / but) cakes.

4 어제 추워**져서** 겨울 코트를 입었습니다.
   → It got cold yesterday, (and / since) I wore a winter jacket.

5 10달러짜리 수표를 써**서** 의사에게 주었습니다.
   → I wrote a check for $10, (therefore / and) give it to a doctor.

○ 정답 1 and 2 and 3 and 4 and 5 and

Point 103 반대를 나타낼 땐 but

Step 1 개념잡기

대조, 반대를 나타낼 때 but이나 however를 씁니다. but은 접속사여서 두 문장을 이을 수 있는 반면, however는 접속부사이므로 단문에서 부사처럼만 사용됩니다. but보다 however가 더 격식을 차린 뉘앙스를 가집니다.

I like skiing, **but** my friends prefer snowboarding.
저는 스키를 좋아하지만 제 친구들은 스노우 보드를 더 좋아합니다.

I like skiing. **However**, my friends prefer snowboarding.
however는 두 문장을 잇지 못하고 한 문장에서 부사처럼 사용됩니다

Step 2 연습문제

다음 괄호 안에서 맞는 표현을 골라 보세요.

1. 저는 야채는 먹**지만** 고기는 먹어 본 적이 없습니다.
   → I eat vegetables, (but / because) I have never eaten meat.

2. 이 식당은 비싸**지만** 음식은 괜찮습니다.
   → The restaurant was expensive. The food, (but / however), was enjoyable.

3. 당신 **빼고** 모든 사람이 할로윈 분장을 했습니다.
   → Everyone (but / because) you dressed up for Halloween.

   but은 전치사로 '~ 이외에', '~는 제외한'의 의미를 갖습니다.

4. 저를 **제외한** 모든 사람이 행복합니다.
   → Everyone is happy (but / and) me.

5. 독감 주사를 맞았**는데** 아직도 몸이 안 좋습니다.
   → I got a flu shot, (since / but) I am still sick.

정답 1 but 2 however 3 but 4 but 5 but

104 하나만 선택할 땐 or

Step 1 개념잡기

'또는'이라는 뜻의 or은 and, but과 같은 등위접속사로, 같은 품사 두 개 중 하나를 취사 선택할 때 씁니다.

I might go to law school, **or** I might get a job.
저는 로스쿨을 가거나 취업을 할 것입니다.

or는 '그렇지 않으면'이라는 조건을 나타낼 때 사용될 수 있습니다.

I should ask Jane out **or** I will lose her.
제인에게 데이트 신청해야겠어요. 그렇지 않으면 그녀를 잃을 거예요.

Step 2 연습문제

○ 다음 괄호 안에서 맞는 표현을 골라 보세요.

1 그는 미친 사람이거나 천재인 것이 분명합니다.
   → He must be crazy (but / or) a genius.

2 저는 재택근무를 하거나 사무실 근무를 할 수 있습니다.
   → I can work from home (or / whether) in the office.

3 저는 감기나 더 심한 병에 걸린 것이 분명합니다.
   → I must catch a cold (if / or) something worse.

4 저는 스페인어나 중국어를 배우려고 생각 중입니다.
   → I am thinking about learning Spanish (or / nor) Chinese.

5 지금이 아니면 못합니다. → It now (or / but) never.

○ 정답 1 or 2 or 3 or 4 or 5 or

Point 105 결과를 언급할 땐 so

Step 1 개념잡기

앞 문장의 결과를 뒷 문장에서 언급할 때 so로 문장을 잇습니다.
Lisa was a perfect fit for the job, **so** she got it.
리사가 적임자여서 그 일을 맡았습니다.

부사(부사구)인 therefore, as a result, consequently 역시 두 문장 사이의 인과관계를 나타내지만, 접속사가 아니기 때문에 두 문장을 잇지는 못하고 하나의 문장 안에서 사용됩니다.

I aced my finals. **Therefore**, I made the dean's list.
기말고사에서 1등을 해서 성적 우수자 명단에 들었습니다.

> dean's list는 '학업 성적 우수자 명단'을 말합니다.

Step 2 연습문제

○ 다음 괄호 안에서 맞는 표현을 골라 보세요.

1 비행기가 이륙을 **해서** 휴대폰이 꺼져 있었습니다.
  → My plane took off, (so / but) my cell phone was not on.

2 제 컴퓨터가 작동이 안**돼서** 인터넷 접속이 안됐습니다.
  → My computer won't work and (as a result / because), I can't access the Internet.

3 아무도 회신을 하지 않**아서** 파티가 취소되었습니다.
  → Nobody responded, (so / but) the party was cancelled.

4 면접을 망**쳐서** 합격하지 못했습니다.
  → The interview went bad, (so / since) I didn't get the job.

○ 정답 1 so 2 as a result 3 so 4 so

Point 106 이유를 나타낼 땐 because

Step 1 개념잡기

because는 뒤에 〈주어+동사〉가, because of의 뒤에는 명사가 옵니다. because는 종속절을 이끌기 때문에 because가 쓰인 문장이 단독으로 사용될 수는 없으며, 반드시 주절과 함께 사용되어야 합니다.

I quit my job, **because** I was suffering from diabetes.
because의 앞에는 콤마를 씁니다.
당뇨가 있어 회사를 그만뒀습니다.

I quit my job **because of** diabetes.
<because of+명사>는 '~ 때문에'라는 뜻으로, 앞에 콤마를 쓰지 않습니다.

Step 2 연습문제

○ 다음 괄호 안에서 맞는 표현을 골라 보세요.

1 저는 교통 체증 **때문에** 늦었습니다.
→ I was late (because / because of) the traffic.

2 토네이도는 예측 불가이기 **때문에** 사전에 예방을 하는 것이 중요합니다.
→ (Because / Because of) tornadoes are unpredictable, it's important to prepare for them in advance.

3 제가 저지른 실수 **때문에** 상사가 저를 꾸짖었습니다.
→ My boss scolded me (because / because of) mistakes I made.

4 그가 자신의 잘못을 인정했기 **때문에** 저는 그의 잘못을 받아들였습니다.
→ I accepted his apology, (because / because of) he admitted his fault.

정답 1 because of 2 Because 3 because of 4 because

Point 107 문장을 이을 땐 that

Step 1 개념잡기

동사 뒤의 〈that+주어+동사〉는 that 이하의 문장 전체(that절)를 목적어 또는 보어로 만들 수 있습니다. 이때 that은 생략 가능합니다.

I know **(that)** she'll talk to me soon.
  that절 전체가 know의 목적어로 사용 되었어요
저는 그녀가 제게 이야기할 거란 걸 알아요.

가주어 it을 사용해 that절을 문장 전체의 주어로 만들 수 있습니다.

It is urgent **that** you contact me immediately.
바로 제게 연락 주세요.

Step 2 연습문제

○ 다음 괄호 안에서 맞는 표현을 골라 보세요.

1 저는 모든 사람들이 투표권을 가진다고 생각합니다.
 → I think (that / which) everybody has the right to vote.

2 저는 절대 마감일을 놓치지 않을 것이라고 말했습니다.
 → I said (that / which) I would never miss a deadline.

3 저는 모든 사람이 평등하게 태어나지 않았다는 것을 압니다.
 → I know (who / that) all men are not created equal.

4 문제는 우리가 빠듯한 예산으로 산다는 것입니다.
 → The problem is (that / what) we live on a tight budget.

5 성공한 사람들이 실수를 두려워하지 않는 다는 것은 사실입니다.
 → It is true (that / which) successful people are not afraid of making mistakes.

정답 1 that 2 that 3 that 4 that 5 that

108 목적과 결과의 so that

Step 1 개념잡기

so that은 '~하기 위해서 …을 하다'라는 뜻의 목적이나, '~해서 …하다'라는 결과를 나타냅니다.

I exercise every day **so that** I can stay fit.
저는 몸매 유지를 위해 매일 운동합니다. [목적]

〈so+형용사/부사+that절〉은 '매우 ~해서 …을 하다'라는 뜻의 강조, 감탄의 표현입니다. 이때 that절이 결과를 나타냅니다. 〈such a+형용사+명사+that절〉과 같은 뜻입니다.

He spoke **so quickly that I couldn't** understand him.
　　　　　so　+부사　+that+주어+동사
그는 너무 빨리 말해서 저는 그의 말을 이해할 수 없었습니다.

Step 2 연습문제

○ 다음 괄호 안에서 맞는 표현을 골라 보세요.

1 저는 기차를 놓치지 않**도록** 집에서 일찍 나왔습니다.
  → I left home early (so / such) that I wouldn't miss a train.

2 같은 회사를 다니는 그녀가 너무 무례**해서** 화가 났습니다.
  → She was (so / such) rude to me at work that I got upset.

3 그는 학구파**여서** 새로운 것을 빨리 익힙니다.
  → He is (so / such) an avid learner that he can learn new things quickly.

4 그가 너무 빨리 달**려서** 잡을 수가 없었습니다.
  → He ran (so / such) fast that I couldn't catch him.

정답 1 so 2 so 3 such 4 so

Review

다음 괄호 안에서 맞는 표현을 골라 보세요.

1 일이 생겨서 파티에 불참했습니다.
   ➡ Something came up, (and / or) I didn't go to the party.

2 저는 관심이 없어서 테니스 동아리에 가입하지 않았습니다.
   ➡ I didn't join a tennis club, (so / because) I was not interested.
   hint 절을 이끌 때는 because를, 뒤에 명사가 나올 때는 because of를 씁니다.

3 저는 다양한 맛이 있어 아이스크림을 좋아합니다.
   ➡ I like ice cream (because of / so that) all the different flavors.
   hint 절을 이끌 때는 because를, 뒤에 명사가 나올 때는 because of를 씁니다.

4 컴퓨터는 500달러 이하 가격에 구입 가능합니다.
   ➡ You can buy a computer for $500 (or / that) less.
   hint or less는 '~이거나 더 적은'이란 뜻입니다.

5 저는 조금만 먹었지만 배가 불렀습니다.
   ➡ I ate a small amount of food (but / so) felt full.

6 그녀가 너무 예뻐서 눈을 뗄 수 없었습니다.
   ➡ She was so beautiful (that / which) I couldn't take my eyes off her.
   hint 〈so+형용사+that절〉은 '매우 ~해서 …하다'라는 의미입니다.

7 저는 하루에 2-3잔의 커피를 마십니다.
   ➡ I drink two (and / or) three cups of coffee every day.

8 저는 제 행동에 미안함을 느꼈지만 사과는 하지 않았습니다.
   ➡ I was sorry about my behavior, (and / but) I didn't apologize.

모범 답안

1 and   2 because   3 because of   4 or   5 but   6 that   7 or   8 but

Point 109 | 조건을 걸 땐 once

Step 1 개념잡기

once(~하자마자)는 as soon as와 같은 의미의 접속사로, 흔히 완료형과 함께 사용됩니다. 또한 once는 일이 발생하기 위해 맞아 떨어져야 하는 조건을 걸 때 사용할 수 있습니다.

Once you have finished your studies, I will give you a job.
일단 학업만 끝내면 내가 취업을 시켜 줄게.

once는 과거에 겪은 '경험 한 번'의 의미를 가진 부사로도 사용됩니다.

I have only been to London once. 저는 런던에 한 번 밖에 못 갔습니다.

Step 2 연습문제

○ 다음 괄호 안에서 맞는 표현을 골라 보세요.

1. **일단** 하버드에 합격만 하면 금전적인 지원을 받을 기회가 많이 있을 것입니다.
   → (Once / And) you have been admitted to Harvard, you'll have a lot of options for financial aid.

2. 당신이 정리가 되**면** 당신 집에 방문해 보고 싶어요.
   → I would like to visit your house (once / so) you have settled down.

3. 제안이 승인을 받으**면** 다음 단계로 진행할 준비를 하고 계셔야 합니다.
   → (Once / but) your offer has been accepted, be ready to move to the next stage.

4. 그녀는 스키를 **한 번** 밖에 타 보지 않았습니다.
   → She has gone skiing only (one / once).

5. 인생은 **한 번**뿐입니다. → We only live (one / once).

정답: 1 Once 2 once 3 Once 4 once 5 once

Point 110 시간의 경과를 나타낼 땐 as

Step 1 개념잡기

단 기간에 두 개의 상황이나 행동이 동시에 일어날 때 as를 사용합니다. 이때 when을 써도 무방하지만 while은 쓰지 않습니다.

As I closed my eyes, I felt dizzy.
눈을 감았을 때 어지러웠습니다. (= When ≠ While)

시간의 경과를 나타낼 때 '~함에 따라', '~할수록'이라는 뜻의 as를 사용합니다. 이 때 주절과 종속절에는 현재완료나 진행형을 사용하지 않습니다.

As I get older, I get wiser. 저는 나이가 들어가면서 더 현명해졌습니다.

Step 2 연습문제

다음 괄호 안에서 맞는 표현을 골라 보세요.

1 나이가 들어**가면서** 시간이 빨리 갑니다.
→ Life speeds up (as / when) we get older.

2 저는 그가 지시하는 **대로** 할 거예요.
→ I will do (as / while) he tells me.

3 저는 어렸**을 때** 한국의 시골에 살았습니다.
→ I lived in rural areas of Korea (as / when) a child.

4 시간이 가**면** 모든 것이 변합니다.
→ (As / Because) time goes by, things change.

5 예전에 언급한 바 있**듯이**, 저는 밤과 주말에 일합니다.
→ (As / Which) I told you before, I work nights and weekends.

정답 1 as 2 as 3 as 4 As 5 As

 111 '하자마자'의 as soon as

Step 1 개념잡기

as soon as는 한 가지 사건이 완료되자마자 다른 사건이 일어날 때 '~하자마자', '~하는 즉시'의 의미로 사용되며, as soon as 절은 미래를 나타내더라도 현재시제를 사용합니다.

I will go to sleep **as soon as** I get home.
집에 도착하자마자 잠을 자겠습니다.

as long as는 '~하는 동안'이란 뜻으로 기간을, '~하기만 한다면'의 뜻으로 조건을 나타냅니다.

I'll always remember him **as long as** I live.
제가 살아있는 한 그를 기억하겠습니다. [기간]

You can meet me at the office **as long as** I am still there.
제가 사무실에 있으면 볼 수 있습니다. [조건]

Step 2 연습문제

○ 다음 괄호 안에서 맞는 표현을 골라 보세요.

1. 당신은 원하는 **만큼** 여기 머무를 수 있습니다.
   → You can stay here (as soon as / as long as) you want.

2. 그 강의는 2시간 30분**이나** 걸릴 수 있습니다.
   → The lesson could last (as soon as / as long as) for two and a half hours.

   사건이 긴 시간동안 지속되고 있음을 강조할 때 <as long as+시간>을 씁니다.

3. 일을 마치**면** 바로 휴가를 떠날 계획입니다.
   → (As soon as / As fast as) I finish my work, I will take a vacation.

4. 저는 알람이 울리**면** 바로 일어납니다.
   → I get up (as soon as / as long as) my alarm goes off.

정답 1 as long as 2 as long as 3 As soon as 4 as soon as

Point 112 동시에 진행되는 일엔 while

Step 1 개념잡기

while은 '~하는 동안에'라는 뜻으로, 사건이나 행동 두 가지가 동시에 진행될 때 사용합니다. while의 종속절이 둘 중 비교적 더 긴 시간을 포함합니다.

My brother left home while I slept in my bed.
더 짧은 시간+while+더 긴 시간
제가 침대에서 자는 동안 동생이 집을 떠났습니다.

while은 '~하는 동안'이라는 의미 외에 '~하는 김에' 또는 '~하는 반면'이라는 반대 상황을 나타낼 때 씁니다.

Some people love junk food while others hate it.
~하는 반면에
어떤 사람은 패스트푸드를 좋아하는 반면 다른 사람들은 싫어합니다.

Step 2 연습문제

○ 다음 괄호 안에서 맞는 표현을 골라 보세요.

1. 저는 서울에 있는 **동안** 김씨를 만났습니다.
   → I met Dr. Kim (while / as) I was in Seoul.

2. 제 차례를 기다리고 **있었을 때** 몇몇 사람이 새치기 하는 것을 보았습니다.
   → (While / Because) I was waiting my turn, I saw some people cut in line.

3. 제 남동생은 제가 공부**할 때** 자주 방해합니다.
   → My brother often interrupts me (while / as) I am studying.

4. 출장으로 파리에 들른 **동안** 시내 구경을 했습니다.
   → (Which / While) I was in Paris for a business trip, I went around the city.

정답 1 while 2 while 3 while 4 While

Review

다음 괄호 안에서 맞는 표현을 골라 보세요.

1. 운전**하면서** 휴대폰 통화를 하는 것은 위험합니다.
   → Talking on the phone (while / once) driving is risky.
   hint while이 이끄는 절의 주어가 주절과 같고 뒤의 동사가 be동사면 '주어+be동사'를 생략 가능합니다.

2. 많은 대통령들이 임기 **중에는** 낮은 지지율을 기록했습니다.
   → Many presidents had low approval ratings (as / while) in office.
   hint while이 이끄는 절의 주어가 주절과 같고 뒤의 동사가 be동사면 '주어+be동사'를 생략 가능합니다.

3. 저는 취업**하면** 바로 부모님 집에서 독립할 것입니다.
   → I'll move out of my parents' house (as soon as / once) I get a job.
   hint as soon as는 '하자마자', '즉시'의 뜻으로, 절의 동사가 미래의 의미를 담더라도 현재시제를 씁니다.

4. 저는 식사 **중에** 물을 많이 마십니다.
   → I drink a lot of water (while / as) eating.

5. 긍정적인 생각을 하기 시작**하면** 행복해집니다.
   → (Once / While) you start thinking positively, you will be happier.

6. 식당은 제가 기대하는 것**만큼 좋지** 않았습니다.
   → The restaurant was not (as great as / as big as) I expected.
   hint 〈as+형용사+as〉는 '~만큼 …한'이라는 뜻입니다.

7. 저는 사무실에 있는 **동안** 전화를 계속해서 받습니다.
   → I keep getting many calls (while / as) I am in the office.
   hint '~에 있는 동안'이라는 의미의 접속사로 while을 씁니다.

8. 저는 **가급적 빨리** 치과에 가야 합니다.
   → I need to see the dentist (as soon as / as fast as) possible.
   hint as soon as possible/as soon as one can은 '가능한 한 빨리'라는 의미입니다.

모범 답안

1 while　2 while　3 as soon as　4 while　5 Once　6 as great as　7 while
8 as soon as

Point 113 누군지 궁금할 땐 who

Step 1 개념잡기

who는 '누가'라는 뜻의 의문사입니다. 제3자를 주어로 질문을 할 때 '~는 누구입니까?'의 의미로 〈who+동사〉의 구조를 사용합니다. 목적어로 쓰일 때는 who와 whom 둘 다 동일하게 사용됩니다.

<u>**Who**</u> **sings** the song? 그 노래를 부른 가수는 누구인가요?

who가 평서문에서 사용되면 〈주어+동사+who+주어+동사〉의 구조가 됩니다.
I **don't know** <u>**who**</u> **he is**. 저는 그가 누구인지 모릅니다.
주어+동사+who+주어+동사

Step 2 연습문제

○ 다음 괄호 안에서 맞는 표현을 골라 보세요.

1 누가 춤추는 것을 가르쳐 줬나요?
→ (Who / Whom) taught you how to dance?

2 누가 이길 거라고 생각하세요?
→ (Who / Whose) do you think will win?

> think, guess, believe 등의 동사가 들어갈 경우 의문사는 문장 앞에 위치합니다.

3 누가 커피를 드시고 싶으신가요?
→ (Who / Whom) wants to have coffee?

4 저는 누가 제 차를 열쇠로 긁었는지 알아요.
→ I know (who / whom) keyed my car.

> key : 열쇠, 열쇠로 차를 긁다

5 누구를 만나셨나요? → (Who / Whom) did you meet?

6 저는 뒷담화를 즐기는 친구가 있습니다.
→ I have a friend (who / whom) likes talking about people behind their backs.

○ 정답 1 Who 2 Who 3 Who 4 Who 5 누구 정답 6 who

Point 114 소유를 나타낼 땐 whose

Step 1 개념잡기

whose는 who의 소유격으로, '(사람)의'라는 뜻입니다. 소유격이므로 단독으로는 사용되지 않고 항상 뒤에 명사를 취합니다. 의문문에서는 의문사로 whose가 문장의 가장 앞에 위치하며, 그 뒤에 명사와 동사가 따라옵니다.

Whose face is on the one dollar bill? 1달러 지폐에는 누구 얼굴이 그려져 있나요?

평서문에서는 〈주절의 명사(사람)+whose+명사+동사〉의 구조로 사용됩니다.

I know a guy **whose** name is Harry. 저는 이름이 해리인 남자를 압니다.

Step 2 연습문제

○ 다음 괄호 안에서 맞는 표현을 골라 보세요.

1. 저는 가족이 로펌과 관련이 있는 여자를 찾고 있습니다.
   → I am looking for a girl (who / whose) family is involved in a law firm.

2. 두 아들이 의사가 된 어머니와 이야기를 나누었습니다.
   → I talked to a mother (who / whose) two sons became doctors.

3. 아들이 죽은 엄마는 절망을 느꼈습니다.
   → A mother (whom / whose) son died felt hopeless.

4. 저는 한국어를 가르치는 직업을 갖고 있는 남자를 만났습니다.
   → I met a guy (who / whose) job is to teach Korean.

5. 저는 누구의 조언을 취해야 할지 결정을 내릴 수가 없습니다.
   → I can't decide (who / whose) advice I should take.

정답 1 whose 2 whose 3 whose 4 whose 5 whose

115 사람이 목적어일 땐 whom

Step 1 개념잡기

whom은 목적어가 없는 문장에서 목적어 대신 〈whom+주어+동사〉의 형태로 사용됩니다. 하지만 whom 대신에 who를 쓰는 경우가 더 흔합니다.

Jamie is the guy **who(whom)** you were talking to.
　　　　　　　　　talking to 뒤에 목적어(a guy)를 생략한 대신 whom을 사용했습니다.
제이미는 당신이 대화를 나누었던 그 남자입니다.

whom은 many of, some of, a lot of, all of, both of와 같이 수량을 나타내는 표현과 함께 사용될 수 있습니다. 이 경우에는 who로 대체해서 사용할 수 없으며 whom 앞에 콤마를 찍습니다.

Step 2 연습문제

○ 다음 괄호 안에서 맞는 표현을 골라 보세요.

1 저는 당신이 관심 있었던 여자를 만났습니다.
→ I met a girl (whom / what) you were interested in.

2 방 안에는 두 사람이 있는데 둘 다 정장을 입었습니다.
→ There are two people in a room, both of (who / whom) wear business suits.

3 그녀의 형제들은 모두 중국에서 공부했고 중국어를 아주 잘 구사합니다.
→ Her siblings, all of (who / whom) studied in China, speak Chinese very well.

4 저는 일본인 친구들이 있는데, 이들 중 많은 수가 한국에서 일합니다.
→ I have Japanese friends, many of (which / whom) work in Korea.

5 저는 남자 형제가 둘 있는데, 둘 다 배우입니다.
→ I have two brothers, (both of whom / both of who) are actors.

정답 ○ 1 whom 2 whom 3 whom 4 whom 5 both of whom

Point 116 · 사람의 유형에는 those who

Step 1 개념잡기

those는 사람(people)의 의미로 사용할 수 있으며 뒤에 수식어(관계대명사, 전치사구 등)을 동반합니다.

Those who eat healthfully live longer. 건강하게 먹는 사람이 장수합니다.
those+관계대명사

Those in Africa die of hunger every minute.
those+전치사구
아프리카에서는 사람이 매분마다 굶주림으로 죽습니다.

Step 2 연습문제

다음 괄호 안에서 맞는 표현을 골라 보세요.

1. 저는 가족보다 일을 우선하는 **사람** 중 한 명이었습니다.
   → I was one of (those / these) people who put work before family.

   <one of those who+동사>는 '~한 사람 중 한 명'이란 뜻입니다. 이때 주어는 one 이므로 who절의 동사는 단수형을 사용합니다.

2. 전기를 아낀다고 말하는 사람들은 그렇지 않은 **사람**보다 에너지를 더 많이 씁니다.
   → People who say they save electricity use more energy than (that / those) who don't.

3. 매트는 혼자 있기를 좋아하는 **사람** 중 한 명입니다.
   → Matt is one of (these / those) people who like to be alone.

4. 그녀는 공주처럼 대접받기를 좋아하는 **사람** 중 한 명입니다.
   → She is one of (these / those) people who likes to be treated like a princess.

정답 1 those 2 those 3 those 4 those

Review

다음 괄호 안에서 맞는 표현을 골라 보세요.

1. 저는 5살짜리 여동생이 있습니다.
   → I have one sister (who / whom) is five years old.
   hint 관계대명사 who는 동사의 앞에서 주격으로 쓰입니다.

2. 저는 아버지가 유명한 화가인 남자를 압니다.
   → I know a guy (whose / those who) father is a famous artist.
   hint 관계대명사 who가 명사 앞에서는 소유격인 whose로 쓰입니다.

3. 저는 고마움을 표현할 줄 아는 여자와 데이트를 하고 싶습니다.
   → I want to date a girl (whose / who) appreciates me.
   hint 관계대명사 who는 동사의 앞에서 주격으로 쓰입니다.

4. 지나치게 많은 지방을 섭취하는 사람은 발암 확률이 높아집니다.
   → There is an increased risk of cancer for (those who / who) eat too much fat.

5. 그녀가 어제 누구를 만났는지 궁금합니다.
   → I wonder (whom / whose) she met yesterday.
   hint 관계대명사절에 목적어가 없으면 관계대명사가 목적격으로 사용되나 주격을 써도 무방합니다.

6. 제이슨은 기꺼이 위험을 무릅쓰는 용감한 사람입니다.
   → Jason is a brave person (who / whom) is willing to take risks.
   hint 관계대명사 who는 동사의 앞에서 주격으로 쓰입니다.

7. 저는 영어가 모국어인 남자를 압니다.
   → I know a guy (who / whose) native language is English.
   hint 관계대명사 who가 명사 앞에서는 소유격인 whose로 쓰입니다.

모범 답안

1 who   2 whose   3 who   4 those who   5 whom   6 who   5 whose

Point 117 선택을 할 땐 which

Step 1 개념잡기

여러 가지 사항 중 하나를 선택할 때 '어느 것'의 의미를 가진 의문사로 which를 사용합니다.

Which flavor of ice cream would you like? 어떤 맛 아이스크림으로 드릴까요?

명사 앞에서 '어느'라는 뜻의 형용사로 사용됩니다.
I can't tell **which** way is right or left.
어느 쪽이 오른쪽인지 왼쪽인지 구분이 안 됩니다.

사물의 뒤에서 주격이나 목적격의 역할을 하는 관계대명사로 사용되기도 합니다.
I read a book **which** made the top 10 bestsellers' list.
저는 베스트셀러 10 목록의 책을 읽었습니다. [주격 관계대명사]

Step 2 연습문제

다음 괄호 안에서 맞는 표현을 골라 보세요.

1. 어느 도시를 가고 싶으세요?
   → (Which / That) city do you want to go to?

2. 저는 어떤 와인이 김치와 잘 어울리는지 찾았습니다.
   → I found out (which / that) wine goes well with Kimchi.

3. 이 중 어떤 옷이 비즈니스에 적합한가요?
   → (Which / What) pieces of clothing are more appropriate for business?

4. 당신은 누구의 편입니까? → (Who / Which) side are you on?

5. 차와 커피 중 어느 것이 좋나요?
   → (Which / That) do you prefer tea or coffee?

6. 어느 방향으로 가야 하나요?
   → (Which / Who) direction should I go?

○ 정답 1 Which 2 which 3 Which 4 Which 5 Which 6 Which

Point 118 방법이 궁금할 땐 how

Step 1 개념잡기

how는 '어떻게'라는 방법을 표현합니다. 또는 '얼마나 ~한지'의 강조 의미로, 평서문에서는 〈how+형용사+주어+동사〉, 의문문에서는 〈how+형용사+동사+주어〉의 형태로 쓰입니다.

How do you go to school? 학교엔 어떻게 갑니까?(무엇을 타고 갑니까?) [방법]
How difficult is it to learn Korean? 한국어를 배우는 것은 얼마나 어렵습니까?

수량이나 정도를 물을 때는 〈how many+복수명사(much+단수명사)+동사+주어〉를 사용합니다.
How many books do you read a year? 일 년에 책을 몇 권 읽으세요?

Step 2 연습문제

○ 다음 괄호 안에서 맞는 표현을 골라 보세요.

1 제가 **얼마나** 멍청한지 깨달았습니다.
   → I realized (how / so) stupid I was.

2 아이에게 미치는 부모의 영향력은 **얼마나** 큰가요?
   → (How / When) large is the effect of parents on children?

3 노벨상 수상자들은 **얼마나** 똑똑한가요?
   → (How / What) smart are Nobel Prize winners?

4 제 태도는 당신이 저를 **어떻게** 대접하느냐에 달려 있습니다.
   → My attitude depends on (how / what) you treat me.

5 하루에 물을 **얼마나** 마셔야 합니까?
   → How (many / much) water should you drink a day?

○ 정답 1 how 2 How 3 How 4 how 5 much

Point 119 무엇인지 물을 땐 what

Step 1 개념잡기

what은 '무엇'이라는 뜻을 가진 의문사입니다.
What are you doing? 지금 뭐하세요?

what이 명사 앞에 사용되면 '어느'라는 뜻을 가집니다. 몇 개의 선택지 중 하나를 고르는 which와 달리 what은 보편적인 범위에서 하나를 고르는 경우에 씁니다.
What color do you like most? 어떤 색깔을 가장 좋아하세요?

what이 관계대명사로 쓰이면 '~하는 것'이란 의미를 가지며 명사절을 이끕니다.
I know **what** you like. 저는 당신이 좋아하는 것을 알아요.

Step 2 연습문제

○ 다음 괄호 안에서 맞는 표현을 골라 보세요.

1 저를 **몇** 시에 보고 싶으세요?
→ (What / How) time do you want to meet me?

2 한국인들은 **어떤** 음식을 먹나요?
→ (What / Which) kind of food do Koreans eat?

3 오늘 점심으로 **무엇을** 드셨나요?
→ (What / Which) did you have for lunch today?

4 당신이 제일 좋아하는 음식은 **무엇**인가요?
→ (What / How) is your favorite food?

5 그는 내가 한 **일이** 잘못되었다고 말했습니다.
→ He told me (what / which) I did was wrong.

6 저의 직업이 저를 설명해 줍니다. → (That / What) I do defines me.

○ 정답 1 What 2 What 3 What 4 What 5 what 6 What

Point 120 이유가 궁금할 땐 why

Step 1 개념잡기

의문사 why는 '왜'라는 뜻이며, 관계부사로 사용되면 앞과 뒤의 절을 인과관계로 이어 줍니다.

Why are you late? 왜 늦었어요? [의문사]

That's **why** the movie became such a big hit.
그것이 그 영화가 큰 흥행을 거두게 된 이유입니다. [관계부사]

why don't you~?는 '~하는 것이 어떻니?'라는 권유의 표현입니다.
Why don't you try living alone? 혼자 사는 것을 시도해 보는 것이 어때요?

Step 2 연습문제

○ 다음 괄호 안에서 맞는 표현을 골라 보세요.

1 당신은 왜 제가 시도조차 하지 않았는지를 궁금해 할 수 있습니다.
   → You might ask (why / which) I didn't even try.

2 왜 저는 충분히 급여를 받지 못합니까?
   → (Why / What) don't I get paid enough?

3 왜 여기서 일하고 싶으신가요?
   → (What / Why) do you want to work here?

4 사람들이 우울해하는 데에는 여러 가지 이유가 있습니다.
   → There are many reasons (which / why) people get depressed.

5 이것이 늦은 밤에 야식을 먹으면 살이 찌는 이유입니다.
   → This is (why / what) eating late at night makes you fat.

6 제가 실패한 이유를 알고 싶습니다.
   → I want to know (why / which) I failed.

○ 정답 1 why 2 Why 3 Why 4 why 5 why 6 why

Point 121 시간을 나타낼 땐 when

Step 1 개념잡기

when은 동시에 일어나는 행동이나 상황을 묘사하는 종속절을 이끕니다. 이 경우 while로 대체 가능하며, 두 사건 중 더 긴 시간 동안 일어난 일에는 주로 현재진행형으로 사용합니다.

When I was working on a computer, the power went off.
제가 컴퓨터를 하고 있었을 때 전원이 꺼졌습니다. (= while)

when은 한 사건의 뒤를 이어 곧바로 다른 사건이 일어났음을 설명할 때 사용할 수 있습니다.

When I make mistakes, I recognize and acknowledge them.
실수를 했을 때 저는 알아차리고 인정합니다. (≠ While)

Step 2 연습문제

○ 다음 괄호 안에서 맞는 표현을 골라 보세요.

1 저는 9살 **때** 서울로 갔습니다.
→ I went to Seoul (when / as) I was nine.

> when은 나이나 인생의 특정 기간을 나타낼 때 쓰며, 이때는 as 나 while로 대체 불가능합니다.

2 먹을 **때**가 되면 새우는 분홍색으로 변합니다.
→ (When / while) it's ready to eat, the shrimp will turn pink.

3 레스토랑을 운영할 **때** 저는 까다로운 고객들을 다뤄야 했습니다.
→ (When / as) running a restaurant, I had to deal with difficult people.

4 저는 슬플 **때** 잠을 잡니다.
→ (Because / When) I feel sad, I sleep.

5 저는 배가 고프**면** 어지럽습니다.
→ (Since / When) I am hungry, I feel dizzy.

정답 1 when 2 When 3 When 4 When 5 When

Point 122 장소를 나타낼 땐 where

Step 1 개념잡기

장소를 나타내는 명사를 꾸미려면 〈where+주어+동사〉의 절을 뒤에 사용합니다.
I can't afford a house **where I want to live**.
<where+주어+동사>절이 앞의 house를 수식합니다.
제가 살고 싶은 집은 비싸서 살 수가 없습니다.

자신이 처해 있는 상황을 설명할 때도 where을 사용합니다.
I can't handle a situation **where I have to take the reins**.
<where+주어+동사>절이 앞의 situation을 수식합니다.
저는 제가 리더가 되는 상황을 감당하지 못합니다.

Step 2 연습문제

다음 괄호 안에서 맞는 표현을 골라 보세요.

1 저는 제가 **어디로** 가는지 몰랐습니다.
  → I didn't know (what / where) I was going.

2 저는 모든 사람들이 제게 손가락질을 하는 **상황에** 처해 본 적이 있습니다.
  → I have been in a situation (what / where) everybody pointed fingers at me.

3 우리 부모님은 제가 **어디에** 가 있었는지 정확하게 아십니다.
  → My parents know exactly (who / where) I have been.

4 당신이 **어느** 학교를 나왔는지는 중요하지 않습니다.
  → It doesn't matter (which / where) you went to school.

5 저는 로봇이 사람을 대신하는 미래가 두렵습니다.
  → I fear a future (what / where) robots overtake humans.

정답 1 where 2 where 3 where 4 where 5 where

Review

다음 괄호 안에서 맞는 표현을 골라 보세요.

1. 저는 차를 산 **날을** 아직 기억합니다.
   → I can still remember the day (what / when) I bought a car.
   hint 선행사가 day이면 때를 나타내는 when을 씁니다.

2. 저는 20살이었을 **때** 변호사가 되기로 결심했습니다.
   → I decided to become a lawyer (when / which) I was 20 years old.

3. 제가 **뭘** 하고 싶어 하는지 저도 모르겠습니다.
   → I don't know (what / where) I want to do.

4. 저는 훌륭한 의사소통기법을 **어떻게** 개발하는지 배웠습니다.
   → I have learned (how to / what to) develop good communication skills.
   hint 〈how to+동사원형〉은 '~하는 방법'이라는 뜻입니다.

5. **어떤** 커리어가 제게 맞는지 확신이 서지 않습니다.
   → I'm not sure (which / why) career is right for me.
   hint which는 명사 앞에 쓰여 '어떤'이라는 뜻을 지닙니다.

6. 인생의 의미가 **뭘**까요?
   → (What / How) is the meaning of life?
   hint '무엇'을 물어볼 때는 의문사 what 을 씁니다.

7. 중요한 것은 실수에서 **어떻게** 깨달음을 얻을 수 있는가입니다.
   → (When / What) matters is (when / how) you learn from your mistakes.
   hint what은 관계대명사로 '~하는 것'이라는 의미이며, how는 '~하는 법'이라는 뜻으로 사용됩니다.

모범 답안

1 when 2 when 3 what 4 how to 5 which 6 What 7 What, how

Part 7

구두점과 전치사 마스터하기

- Point 123
- Point 124
- Point 125
- Point 126
- Point 127
- Point 128
- Point 129
- Point 130
- Point 131
- Point 132
- Point 133
- Point 134
- Point 135
- Point 136
- Point 137
- Point 138
- Point 139
- Point 140
- Point 141
- Point 142
- Point 143
- Point 144
- Point 145
- Point 146
- Point 147

Point 123 | 콤마(,)의 사용법

Step 1 개념잡기

단어나 구를 3개 이상 나열할 때 콤마로 구분합니다. 마지막 단어나 구의 앞에는 콤마를 써도 되고 안 써도 됩니다.

I play baseball**,** soccer**,** tennis**(,)** and golf.
저는 야구, 축구, 테니스, 골프를 합니다.

콤마는 또한 after, before, when, because 등의 접속사 앞에, and, so, but, or, for 등의 등위접속사 앞에, besides, however, furthermore, therefore, otherwise, moreover 등의 접속부사 뒤에 사용합니다.

Step 2 연습문제

○ 다음 문장에서 콤마가 들어갈 위치를 모두 골라 보세요.

1 저는 대학 시절에 기숙사에서 살았습니다.
   → When ① I was in college ② I lived ③ in a dorm.

2 그러나 잭은 내게 자신의 차를 쓰도록 허락하지 않았습니다.
   → Jack ① however ② didn't ③ allow me ④ to use his car.

3 저는 바나나, 사과, 오렌지, 포도와 같은 과일을 샀습니다.
   → I bought ① some fruits ② such as bananas ③ apples ④ orange ⑤ and grapes.

4 그 영화는 너무 폭력적이어서 보기가 힘들었습니다.
   → This movie ① was hard ② to watch ③ because it was ④ surprisingly violent ⑤.

5 저는 하루에 한 시간, 일주일에 5일을 운동합니다.
   → I ① exercise ② for an hour ③ a day ④ five days a week.

Point 124 큰따옴표(" ")의 사용법

Step 1 개념잡기

다른 이의 말을 인용할 때 큰따옴표(" ")를 씁니다. 이때 인용된 문장의 마침표나 물음표는 따옴표 안에 들어갑니다.

Matt said, "I will walk you home." 매트는 "집까지 바래다 드릴게요."라고 말했습니다.
_{마침표는 따옴표 안에 씁니다.}

인용문 안에 또 인용문이 들어갈 때는 작은 따옴표(' ')를 씁니다.
He said, "Philip asked, 'Does Jack want to join us?'"
그는 필립이 '잭이 우리와 함께하길 원해?'라고 물었다고 답했습니다.

Step 2 연습문제

○ 다음 문장에서 큰따옴표가 들어갈 위치를 모두 골라 보세요.

1. 그는 "너 진심이니?"라고 물었습니다.
   → He asked, ① Are you ② serious? ③

2. 제가 제일 좋아하는 노래는 '강남 스타일'입니다.
   → ① Gangnam Style ② is ③ my favorite song ④.

   > 노래 제목은 큰따옴표로,, 앨범, 영화, 책 제목은 이탤릭체로 표기합니다.

3. 그는 "제 사과가 받아들여지지 않았어요."라고 말했습니다.
   → ① My apology wasn't ② accepted. ③ said He.

4. 그는 우리를 '걱정'합니다. (사실은 걱정하지 않습니다.)
   → ① He ② cares ③ about us. ④

   > 역설적으로 표현되었거나 특별한 의미를 넣은 단어에 큰 따옴표를 씁니다.

5. 그가 "다이어트하세요?"라고 물었습니다.
   → ① Are you dieting? ② he ③ asked. ④

○ 정답 1.①③ 2.①③ 3.①③ 4.②③ 5.①②

172

Point 125 하이픈(-)의 사용법

Step 1 개념잡기

두 개 이상의 단어나 숫자를 한 단어로 묶을 때 하이픈(-)을 씁니다. 특히 명사 앞에서 꾸미는 형용사가 두 단어 이상이 결합된 복합어일 때 하이픈으로 묶어 한 단어처럼 씁니다.

He has a **six-year-old** son. 그는 6살짜리 아들이 있습니다.
_{six, year, old의 세 단어를 하나로 묶을 때 하이픈 사용}

-ly로 끝나는 형용사나 부사가 명사 앞에서 수식할 때는 하이픈으로 연결하지 않습니다.

Mr. Kim is a **highly successful** businessman.
김 씨는 아주 성공한 비즈니스 맨입니다.

Step 2 연습문제

다음 문장에서 하이픈이 들어갈 위치를 모두 골라 보세요.

1. 저는 백미러를 보았습니다.
   → I looked ① in my rear ② view ③ mirror.

2. 저는 물 없이 24시간 이상을 버틸 수 있습니다.
   → I can ① go more ② than twenty ③ four hours ④ without water.

   > 21에서 99까지의 숫자를 문자로 표기할 때 하이픈을 사용합니다.

3. 그 행사는 2013년 9일부터 10일까지 개최되었습니다.
   → The event ① was held ② on October 9 ③ 10, ④ 2013.

4. 저는 꼭 봐야 하는 영화 5개의 목록을 만들었습니다.
   → ① I made ② a list of ③ five must ④ see movies.

5. 저는 가정 주부입니다. → ① I am a ② stay ③ at ④ home mom.

6. 저는 항상 행복한 사람입니다
   → ① I am a ② happy ③ go ④ lucky kind of guy.

○ 정답 1.② 2.②③ 3.③ 4.③④ 5.②③ 6.②③④

Point 126 대시(—)의 사용법

Step 1 개념잡기

부연 설명을 위해 문장의 중간에 절이나 구를 삽입할 때, 또는 동격의 말을 다시 받을 때 대시(—)를 쓰고, 대시의 앞뒤로 공백을 두지 않습니다.

Mr. Lee is qualified for this job—he has relevance experience—but there are no job openings.
이 군은 이 직업에 적합합니다. 그는 관련 경험을 가졌습니다. 그러나 자리가 없어요.

When you study English, there are four main areas to focus on—listening, speaking, reading and writing.
영어 공부는 듣기, 말하기, 읽기, 글쓰기의 네 분야에 집중해야 합니다.

Step 2 연습문제

 다음 문장에서 대시가 들어갈 위치를 모두 골라 보세요.

1 제가 할 줄 아는 중국어는 니하오뿐입니다.
  ➡ There is ① one Chinese word ② I know ③ Ni Hao.

2 우리가 댄의 집을 방문했을 때, 그리고 그 집은 언덕 위에 있었습니다. 우리는 그의 가족 모두를 만났습니다.
  ➡ ① When we visited ② Dan's house ③ it was located on a hill ④ we met his entire family.

3 수학, 물리, 체육, 영어 수업 모두가 휴강되었습니다.
  ➡ All ① my classes ② math, physics, PE, ③ and English ④ were canceled.

4 결혼식에 제 친구 모두인 잭, 데이비드, 리사, 캐시, 제이를 초대했습니다.
  ➡ All of ① my friends ② Jack, David, Lisa, Cathy and ③ Jay ④ were invited to my wedding.

○ 정답 1 ③ 2 ③ 3 ①,④ 4 ①,③

Review

다음 괄호 안에 알맞은 문장 부호를 넣어 보세요.

1 그는 일 년에 2/3은 해외에서 보냅니다.
  → He spends two ( ) thirds of a year abroad.
  hint 분수, 합성어를 만들 때, 숫자의 범위를 표시할 때 하이픈을 씁니다.

2 저는 40살이고 인생에서 성취를 이룬 것이 없습니다.
  → I am 40 years old ( ) and I have achieved nothing in my life.
  hint and나 but으로 문장을 연결할 때 콤마를 찍습니다.

3 그녀는 태평양을 수영으로 건넌 최초의 여성, 그리고 아직 유일한 여성으로 남아 있습니다.
  → She became the first woman ( ) and still remains the only woman ( ) to swim across the Pacific Ocean.

4 그는 "국적이 어디신가요?"라고 물었습니다.
  → ( ) What is your nationality? ( ), he asked.

5 저는 가족 기업에서 일합니다.
  → I work with a family ( ) owned business.
  hint 분수, 합성어를 만들 때, 숫자의 범위를 표시할 때 하이픈을 씁니다.

6 이 방의 수용 인원은 20~25명입니다.
  → This room can hold about 20 ( ) 25 people.
  hint 분수, 합성어를 만들 때, 숫자의 범위를 표시할 때 하이픈을 씁니다.

7 〈마이크〉의 "나의 인생" 에피소드가 올해 TV 프로그램 중 가장 높은 시청률을 기록했습니다.
  → The ( ) My Life ( ) episode of *Mike* is the highest rated TV show so far this year.
  hint TV 프로그램의 제목은 이탤릭체로, 프로그램 중 에피소드는 큰따옴표로 묶습니다.

모범 답안

1 - (하이픈)   2 , (콤마)   3 — (대시)   4 " " (큰따옴표)   5 - (하이픈)   6 - (하이픈)   7 " " (큰따옴표)

Point 127 세미콜론(;)의 사용법

Step 1 개념잡기

세미콜론은 and, but과 같은 등위접속사를 대신해 **두 개의 주절로 이루어진 문장을 연결**합니다.

I arrived on time; Lisa was late.
세미콜론이 but 대신에 두 개의 완전한 문장을 연결합니다.
저는 정시에 도착했지만 리사는 늦었습니다.

종속절과 주절을 이을 때는 세미콜론을 쓰지 못합니다.
Although I was tired, I went to work. 저는 피곤했지만 출근했습니다.
앞은 종속절, 뒤는 주절이기 때문에 세미콜론 대신 콤마를 사용합니다.

Step 2 연습문제

○ 다음 문장에서 세미콜론이 들어갈 위치를 모두 골라 보세요.

1 그는 착합니다. 게다가 똑똑합니다.
   → He is ① a nice guy ② moreover, he is ③ smart ④.

   접속부사 moreover, however 등은 접속사가 아니기 때문에 세미콜론 뒤에 사용 가능합니다.

2 날씨가 쭉 좋았습니다. 그리고 당분간 좋은 날씨가 계속될 것입니다.
   → The ① weather ② has been nice ③ we hope it will ④ hold out.

3 저는 열심히 일했습니다. 그러나 캐시는 무임승차했습니다.
   → I ① worked hard ② Cathy ③ went ④ along for the ride.

4 어떤 사람들은 사무실에서 일하지만 다른 사람들은 재택근무를 합니다.
   → ① Some work ② in the office ③ others work from home ④.

5 저는 운동을 열심히 하지만 운동으로 살이 빠지지 않습니다.
   → ① I am exercising ② so hard ③ I can't lose weight ④ with exercise.

○ 정답 1 ② 2 ③ 3 ② 4 ② 5 ③

Point 128 | 콜론(:)의 사용법

Step 1 개념잡기

리스트를 나열할 때나 인용문에서 콤마 대신 사용합니다.

His success can be attributed to many factors: …
그의 성공 비결은 여러 가지가 있습니다. …
_{콜론을 쓴 후 리스트를 나열합니다.}

Jack said: "I'll do my best." 잭은 "저는 최선을 다하겠습니다."라고 말했습니다.
_{콜론이나 콤마를 써서 인용문을 표현합니다.}

Step 2 연습문제

○ 다음 문장에서 콜론이 들어갈 위치를 모두 골라 보세요.

1 스티브 잡스는 자신의 성공 비결에 대해 이렇게 말했습니다. 갈망하라, 우직하라.
   → Steve jobs ① talked about his secret of success ② "Stay ③ hungry, stay ④ foolish."

2 사진이 부착된 신분증, 펜과 같은 몇 가지 준비 사항이 있습니다.
   → ① You must ② take some items ③ a photo ID and ④ pens.

3 그 질문에 대한 저의 대답은 다음과 같습니다.
   → ① My answers ② to the questions ③ are as follows ④.

4 직장에서 저의 임무는 회의를 준비하고 전화 응대를 하는 것입니다.
   → ① My responsibilities ② at work include ③ organizing meetings and answering telephone calls ④.

○ 정답 1 ② 2 ③ 3 ④ 4 ③

129 어퍼스트로피(')의 사용법

Step 1 개념잡기

소유를 나타낼 때 어퍼스트로피(')를 쓰고 뒤에 s를 붙입니다. 단, 복수명사의 소유를 나타낼 때는 어퍼스트로피(')만 붙입니다.

I won't get my friends' opinion on my life.
친구 여러 명의 의견일 때 복수명사에만 붙임
저는 인생 문제에 친구 의견을 구하지 않겠습니다.

어퍼스트로피는 **두 단어의 축약형**에 사용됩니다.
I am → I'm | You are → You're | do not → don't

Step 2 연습문제

다음 괄호 안에서 맞는 표현을 골라 보세요.

1. 저는 엠마를 여자들만의 저녁 모임에 초대하지 않았습니다.
   → I (didn't / didno't) invite Emma to a (girls' / girl's) night out.

2. 저는 3개월의 출산 휴가를 받았습니다.
   → I was given three (months' / month's) maternity leave.

3. 엄마의 친구가 우리 집에 왔습니다.
   → (My mom's friend / My moms' friend) visited me.

4. 우리 강아지의 꼬리가 축 쳐져 있습니다.
   → (My dogs' tail / My dog's tail) is limp.

5. 김 교수님께 감사를 표하고 싶습니다.
   → (I'd / I'll) like to express my appreciation to Professor Kim.

정답 1 didn't, girls' 2 months' 3 My mom's friend 4 My dog's tail 5 I'd

Point 130 슬래시(/)와 느낌표(!)의 사용법

Step 1 개념잡기

두 가지 중 선택을 할 수 있을 때 or를 대신해 슬래시(/)를 씁니다.
This course is taken on a pass/fail basis.
이 수업은 통과 또는 실패 방식으로 인정됩니다.

감탄문, 명령문에서는 느낌표(!)를 씁니다. 격식을 차려야 하는 글에서는 느낌표 사용을 자제합니다.
Anna said, "Stop it right now!" 안나는 "지금 당장 그만 둬요!"라고 말했습니다.

Step 2 연습문제

○ 다음 괄호 안에서 맞는 표현을 골라 보세요.

1 저는 옷과(혹은 옷이나) 가방을 살 것입니다.
   → I will buy clothes (and/or | and, or) bags.

2 ABC 사는 차기 회장 및 최고 경영자로 존 도 씨를 선임했습니다.
   → ABC Company appointed John Doe as the next (president/CEO | president, CEO).

3 잭은 제게 "당신이 싫어요!"라고 소리쳤습니다.
   → Jack shouted at me, "I hate you (:/!)"

4 제가 얼마나 멍청한 실수를 저질렀는지!
   → What a stupid mistake I've made (:/!)

5 봄이 오고 있습니다!
   → Spring is coming (:/!)

○ 정답 1 and/or 2 president/CEO 3 ! 4 ! 5 !

Point 131 | 괄호(( ))와 대괄호([ ])의 사용법

Step 1 개념잡기

중요하지 않은 내용, 문장에 넣으면 문맥이 매끄러워지지 않지만 포함시키고 싶은 내용이 있을 때, 약어를 풀어서 설명할 때 괄호(( ))를 넣어 포함합니다.
Girls love shopping (I don't). 여자들은 쇼핑을 좋아합니다(저는 아닙니다).

인용문에서 글쓴이의 생각이나 의견을 추가로 넣을 때 대괄호([ ])를 사용합니다.
My father "want[s] to play golf."
_{원래 문장은 "I want…"이나 문장의 주어가 father이므로 글쓴이가 임의로 대괄호를 이용해 s를 붙임}
아버지가 "골프 치고 싶다."라고 말씀하셨습니다.

Step 2 연습문제

O 다음 괄호 안에 알맞은 문장 부호를 넣어 보세요.

1 저는 오늘 학교에 가지 않았습니다. 부모님은 아직 모르십니다.
→ I didn't go to school today (　) my parents don't know yet (　).

2 오늘은 언제나처럼 참 지겨운 하루였습니다.
→ I feel so boring today (　) as usual (　).

3 저는 그(제임스)가 제 돈을 훔쳤다고 말했습니다.
→ I said, "He (　) James (　) stole my money."

4 반기문은 UN 사무총장입니다.
→ Ban Ki-moom is the Secretary-General of the UN (　) United Nations (　).

정답 1.(.) 2.(.) 3.[ ] 4.(.)

Review

다음 괄호 안에 알맞은 문장 부호를 넣어 보세요.

1. 저는 티셔츠, 수영복(여름 휴가용으로), 그리고 신발 한 켤레를 샀습니다.
   → I bought a t-shirt, swimsuit (   ) for summer vacation (   ), and a pair of shoes.
   hint 특별히 중요한 사안은 아니지만 언급하고 싶을 때는 괄호 안에 넣습니다.

2. 저의 연락처는 다음과 같습니다. …
   → My contact details are as follows (   ) …
   hint 리스트를 나열할 때 콜론을 씁니다.

3. 오늘은 저와 가장 친한 친구의 생일입니다.
   → Today is my best friend(   )s birthday.

4. 세상 참 좁습니다. → What a small world (   )
   hint what/how로 시작하는 감탄문의 끝은 느낌표로 마무리합니다.

5. 미국에서 아버지의 날은 6월 셋째주 일요일입니다.
   → Father(   )s Day, in the USA, is on the third Sunday of June.

6. 어떤 사람들은 손으로 글을 쓰고 다른 이들은 키보드로 타이핑을 칩니다.
   → Some people write by hand (   ) others type on a keyboard.

7. 가족과 일, 둘 중 어느 것이 중요하십니까?
   → What comes first (   ) family or work?
   hint 리스트를 나열 할 때 콜론을 씁니다.

8. 그는 제 친가쪽 사촌입니다.
   → He is my cousin on my father(   )s side.
   hint 소유를 나타낼 때는 어퍼스트로피와 s를 순서대로 씁니다.

모범 답안

1 ( ) (괄호)   2 : (콜론)   3 ' (어퍼스트로피)   4 ! (느낌표)   5 ' (어퍼스트로피)   6 ; (세미콜론)
7 : (콜론)   8 ' (어퍼스트로피)

Point 132 전치사 with 제대로 쓰기

Step 1 개념잡기

- I was **with** my friends. 저는 친구와 함께 있었습니다. ➔ ~와 함께
- I like a girl **with** long hair. 저는 머리가 긴 여자가 좋아요. ➔ (물건 등을) 가진
- He spoke **with** confidence. 그는 확신에 차서 이야기했습니다. ➔ ~한 감정을 느낀
- This food is made **with** rice. 이 음식은 쌀로 만들어졌습니다. ➔ ~를 이용해서
- I **agree with** you. 저는 당신에 동의합니다. ➔ ~에 동의하다 [agree with]

Step 2 연습문제

◯ 다음 괄호 안에서 맞는 표현을 골라 보세요.

1. 저는 고기에 소금을 뿌려 요리합니다. ➔ I cook meat (in / with) salt.

2. 그는 영국 억양으로 말합니다.
   ➔ He speaks (in / with) a British accent.

3. 저는 아직 부모님과 함께 삽니다.
   ➔ I still live (with / by) my parents.

4. 저는 y로 끝나는 단어를 찾고 있습니다.
   ➔ I am searching for words that end (with / on) y.

5. 걸걸한 목소리를 가진 여자가 제 관심을 끌었습니다.
   ➔ A girl (in / with) a husky voice got my attention.

6. 그는 새로운 사람을 만나는 것을 힘들어합니다.
   ➔ He has trouble (on / with) meeting new people.

> have trouble with : ~에 문제가 있다

○ 정답 1 with 2 with 3 with 4 with 5 with 6 with

Point 133 전치사 in 제대로 쓰기

Step 1 개념잡기

- I was born **in** 1950. 저는 1950년에 태어났습니다. ➜ **월, 연 앞에**
- We have snow **in** the winter. 겨울에 눈이 옵니다. ➜ **계절 앞에**
- Try to avoid talking **in** class. 수업시간에는 말을 하지 마세요. ➜ **(장소의) 안에**
- I will be there **in** ten minutes. 10분 후에 그곳으로 가겠습니다. ➜ **~의 후에**
- I graduated from college **in** three years. 저는 3년 만에 대학을 졸업했습니다.
  ➜ **~만에**
- I know how to say "hello" **in** Chinese.
  저는 중국어로 "안녕"이라고 말할 줄 압니다. ➜ **언어 앞**

Step 2 연습문제

다음 괄호 안에서 맞는 표현을 골라 보세요.

1 저는 여름에 수영을 즐깁니다.
  ➜ I enjoy swimming (in / on) the summer.

2 어떤 꽃은 3월에 피기 시작합니다.
  ➜ Some flowers start blooming (in / on) March.

3 저는 침실에 카펫이 있습니다.
  ➜ I have carpet (in / with) my bedroom.

4 서울은 한국에 있습니다. ➜ Seoul is (in / with) Korea.

5 저는 정장을 입은 여자를 봤습니다.
  ➜ I met a girl (on / in) a business suit.

6 저는 귀신을 믿습니다. ➜ I believe (at / in) ghosts.

> believe in : ~을 믿다

○ 정답 1 in 2 in 3 in 4 in 5 in 6 in

Point 134 전치사 at 제대로 쓰기

Step 1 개념잡기

- Let's meet **at** 8 o'clock. 8시에 만납시다. ➔ 구체적인 시간에
- Tickets were sold **at** the concert hall. 티켓은 콘서트 홀에서 판매되었습니다.
  ➔ 구체적인 장소에
- I got married **at** 30. 저는 서른 살에 결혼했습니다. ➔ 나이 앞에
- I was driving **at** 100 miles per hour. 저는 시속 100마일로 운전했습니다.
  ➔ 가격, 속도
- Please feel free to contact me **at** 123-1234. 123-1234로 전화주세요.
  ➔ 이메일 주소, 전화번호 앞

Step 2 연습문제

다음 괄호 안에서 맞는 표현을 골라 보세요.

1. 젠은 자기 농담에 웃습니다.
   ➔ Jen laughs (on / **at**) her own jokes.

2. abc@abc.com로 연락해 주세요.
   ➔ I can be reached (**at** / on) abc@abc.com.

3. 회의는 10시에 열립니다.
   ➔ The meeting will be held (**at** / in) 10 a.m.

4. 그는 80세에 죽었습니다. ➔ He died (on / **at**) the age of 80.

5. 저는 기쁨과 슬픔을 동시에 느낍니다.
   ➔ I feel both happy and sad (in / **at**) the same time.

6. 탐은 운동을 잘 합니다.
   ➔ Tom is good (**at** / with) sports.

   be good at : ~을 잘하다

정답 1 at 2 at 3 at 4 at 5 at 6 at

Point 135 전치사 on 제대로 쓰기

Step 1 개념잡기

- I hung my picture **on** the wall. 벽에 제 그림을 걸어 두었습니다.
  → (물건 등의) 표면 위에서
- He was born **on** January 1, 2000. 그는 2000년 1월 1일에 태어났습니다.
  → 날짜, 요일 앞에서
- He is **on** the phone now. 그는 지금 통화 중입니다. → (전화기와 같은 특정 기기가) 작동 중인
- I posted some pictures **on** my facebook page. 저는 제 페이스북에 사진 몇 장을 올렸습니다. → (인터넷 사이트) 에서
- I am reading a book **on** how to make money. 저는 재테크 책을 읽는 중입니다. → ~에 관한

Step 2 연습문제

◦ 다음 괄호 안에서 맞는 표현을 골라 보세요.

1. 이 시계는 세일해서 100달러입니다.
   → This watch is (at / on) sale for $100.

2. 저는 트위터에 사과문을 올렸습니다.
   → I wrote an apology (in / on) Twitter.

3. 책 3권이 탁자 위에 있습니다.
   → Three books are (at / on) the table.

4. 저는 컴퓨터로 음악을 듣습니다.
   → I listen to music (in / on) my computer.

5. 저는 TV 쇼 프로에 나가 보고 싶습니다.
   → I want to be (at / on) a TV show.

6. 결혼 반지는 4번째 손가락에 낍니다.
   → The wedding ring is worn (at / on) the ring finger.

◦ 정답 1 on 2 on 3 on 4 on 5 on 6 on

Point 136 전치사 for 제대로 쓰기

Step 1 개념잡기

- The materials are **for** educational purposes. 이 자료는 교육용입니다.
  → ~용으로 쓰이는
- I work hard **for** my success. 저는 성공하기 위해 열심히 일합니다.
  → ~를 위해서
- I work **for** the Korean government. 저는 한국 정부 공무원입니다.
  → ~에 고용되어
- I am happy **for** you. 잘 됐네요. → ~때문에
- He has been traveling around the world **for** five years.
  그는 5년간 세계를 여행하고 있습니다. → ~의 시간 동안

Step 2 연습문제

○ 다음 괄호 안에서 맞는 표현을 골라 보세요.

1. 저는 기말시험을 **위해** 공부해야 합니다.
   → I have to study (in / for) my final exams.

2. 그 식당이 매물**로** 나왔습니다.
   → The restaurant has been put up (for / at) sale.

3. 제가 저지른 일**에 대해** 후회하고 있습니다.
   → I am sorry (for / at) what I did.

4. 저의 아기는 나이**에 비해** 작습니다.
   → My baby is small (in / for) her age.

5. 이 집은 5년**간** 사람이 살지 않았습니다.
   → This house has been vacant (for / during) five years.

○ 정답 1 for 2 for 3 for 4 for 5 for

Point 137 전치사 to 제대로 쓰기

Step 1 개념잡기

- I went **to** Japan last year. 저는 작년에 일본에 갔습니다. ➡ ~의 방향으로
- I gave flowers **to** her. 저는 그녀에게 꽃을 주었습니다. ➡ ~를 받는 대상에게
- Up **to** 70 % of the earth is covered with water.
  지구의 70%가 물로 덮여 있습니다. ➡ (수나 정도의 한계, 범위가) ~까지
- Here are my answers **to** your questions.
  여기 당신의 질문에 대한 제 대답이 있습니다. ➡ 관계를 나타낼 때

Step 2 연습문제

다음 괄호 안에서 맞는 표현을 골라 보세요.

1. 강력한 태풍이 서울로 오고 있습니다.
   ➡ A powerful typhoon is headed (in / to) Seoul.

2. 저는 신에게 도움을 요청합니다. ➡ I turn (to / for) God for help.

3. 저는 부모님을 뵙기 위해 부산으로 내려갔습니다.
   ➡ I went down (in / to) Busan to visit my parents.

4. 저는 대개 휴대폰으로 사진을 찍고 그 사진을 컴퓨터로 전송합니다.
   ➡ I usually take pictures with my cell phone and send them (from / to) my computer.

5. 저는 9시부터 5시까지, 월요일부터 금요일까지 일합니다.
   ➡ I work nine to five, Monday (from / to) Friday.

6. 10시 10분 전입니다. ➡ It is ten (from / to) ten.

> to는 '(시간) 전에'라는 뜻이 있습니다.

○ 정답 1 to 2 to 3 to 4 to 5 to 6 to

Point 138 전치사 from 제대로 쓰기

Step 1 개념잡기

- I got an email **from** Cathy. 저는 캐시로부터 이메일을 받았습니다. ➡ 사람으로부터
- A plane departed **from** Incheon. 비행기가 인천에서 출발했습니다. ➡ 장소에서부터
- He's away **from** Monday **to** Thursday.
  그는 월요일부터 목요일까지 부재입니다. ➡ (시작 시간이) ~부터인

  > from은 to나 until과 함께 쓰여 시작점과 끝나는 점을 나타낼 수 있습니다.

- Korean is different **from** both Chinese and Japanese.
  한국어는 중국어와 일본어 모두와 다릅니다. ➡ ~와 다르다 [be different from]

Step 2 연습문제

○ 다음 괄호 안에서 맞는 표현을 골라 보세요.

1 저는 재택 근무를 합니다. ➡ I work (by / from) home.

2 저는 가족**으로부터** 돈을 빌렸습니다.
   ➡ I borrowed money (to / from) a family member.

3 많은 사람들이 과일의 원산지를 모릅니다.
   ➡ A lot of people don't know where their fruits come (in / from).

4 저는 어머니**로부터** 편지 한 통을 받았습니다.
   ➡ I got a letter (from / to) my mom.

5 저는 머리**부터** 발끝까지 검정 옷을 입었습니다.
   ➡ I was dressed in black (from / at) head to toe.

6 그는 옳은 것**과** 그른 것을 구분하지 못합니다.
   ➡ He can't tell right (to / from) wrong.

   > tell from : ~로부터 분간하다

정답 1 from 2 from 3 from 4 from 5 from 6 from

Review
다음 괄호 안에서 맞는 표현을 골라 보세요.

1. 저는 친구에게 문자를 썼습니다.
   → I wrote a text message (to / with) a friend.
   hint 'to+수신자'를 써서 받는 사람을 나타냅니다.

2. 고등학생이었을 때 저는 모범생이었습니다.
   → When I was (in / on) high school, I was a very good student.

3. 저는 중국에 삽니다. → I live (in / on) China.
   hint live in…: ~에 살다

4. 저는 내년에 대학원에 갈 계획입니다.
   → I am planning to go (to / from) graduate school next year.

5. 저는 짧은 머리가 잘 어울립니다.
   → I look better (with / from) short hair.

6. 저는 부모님과 함께 살고 있는데, 같이 사는 것이 좋습니다.
   → I live (in / with) my parents, and I love it.

7. 저녁 먹고 남은 음식이 있습니다.
   → There is some food left (from / to) dinner.
   hint 출처, 기원을 나타낼 때는 from을 씁니다.

8. 저는 대학에서 일본 친구들을 많이 사귀었습니다.
   → I made a lot of Japanese friends (on / in) college.
   hint 'in+장소명'은 '~에서'라는 의미입니다.

모범 답안

1 to 2 in 3 in 4 to 5 with 6 with 7 from 8 in

Point 139 전치사 of 제대로 쓰기

Step 1 개념잡기

- He is a friend **of** mine. 그는 제 친구입니다. ➡ (사람이나 사물의 소유) ~의
- I had two cups **of** coffee. 저는 커피 두 잔을 마셨습니다. ➡ 양이나 숫자에
- Dolphins are capable **of** learning a language.
  돌고래는 언어를 배울 수 있습니다. ➡ ~를 할 수 있다 [be capable of]
- I try to stay positive in spite **of** many problems. 저는 많은 난관에도
  불구하고 긍정적이 되려고 노력합니다. ➡ ~에도 불구하고 [in spite of]

Step 2 연습문제

O 다음 괄호 안에서 맞는 표현을 골라 보세요.

1. 대부분**의** 한국인은 매일 과일을 먹습니다.
   ➡ A large majority (of / in) Koreans eat fruits every day.

2. 7월 4일(미국의 독립기념일)이 곧 다가옵니다.
   ➡ The Fourth (on / of) July is coming up.

3. 아침에 물 한 잔을 마시는 것은 몸에 좋습니다.
   ➡ Drinking a glass (of / for) water in the morning is good for you.

4. 여기 최첨단 제품**의** 예가 있습니다.
   ➡ Here are examples (of / for) high-end products.

5. 저는 외모 **때문에** 학교에서 괴롭힘을 당했습니다.
   ➡ I was bullied in school because (for / of) my appearance.

6. 저는 성공**을** 꿈꿉니다. ➡ I have dreamed (in / of) success.

○ 정답 1 of 2 of 3 of 4 of 5 of 6 of

Point 140 : 전치사 over 제대로 쓰기

Step 1 개념잡기

- You can come **over** to my house. 우리 집에 오셔도 됩니다.
  → (거리, 공간을 너머) **다른 쪽으로**
- Michael has been working for our company for **over** 20 years. 마이클은 20년 넘게 우리 회사에 재직 중입니다. → **~보다 더 많이**
- It rained **over** the weekend. 주말 중에 비가 왔습니다. → **~의 기간 동안**
- I told him **over** the phone. 저는 전화로 그와 통화했습니다. → **~를 사용해서**
- Today's class is **over**. 오늘 수업은 끝입니다. → **끝이 난**

Step 2 연습문제

○ 다음 괄호 안에서 맞는 표현을 골라 보세요.

1. 인생을 **새로** 시작하고 싶습니다. → I want to start my life (over/in).

2. 저는 이 서류를 팩스 보내겠습니다.
   → I will fax this document (at/over).

3. 저는 같은 실수를 **거듭** 합니다.
   → I make the same mistakes (over and over again/for and for again).

4. 우리 관계가 **끝났습니다**. → Our relationship is (over/on)

5. 저는 주말 **동안** 친구들을 만났습니다.
   → I met my friends (over/at) the weekend.

6. 저는 숙제를 **다시** 해야 합니다. → I had to do my paper (over/of).

7. 저는 끔찍했던 실연의 상처를 극복했습니다.
   → I got (over/for) a terrible breakup.

> get over : 극복하다

○ 정답 1 over 2 over 3 over and over again 4 over 5 over 6 over 7 over

141 전치사 by 제대로 쓰기

Step 1 개념잡기

- Please RSVP **by** Friday.
  금요일까지 회신 부탁드립니다. ➔ (데드라인) 까지

  > RSVP : 불어 Respondez sil vous plait의 첫 글자를 딴 약어로 모임, 회의 등의 참석 여부를 회신 달라는 뜻입니다.

- She sat **by** me at a dinner party. 그녀는 만찬 파티에서 제 옆에 앉았습니다.
  ➔ 옆에

- I am older than him **by** two years. 저는 그보다 2살이 많습니다.
  ➔ 차이가 ~만큼 나는

- I ruin everything **by** trying too hard.
  저는 지나치게 노력해서 모든 걸 망쳐 버립니다. ➔ (목적을 가진 행동을) 함으로써

- I go to work **by** car. 저는 차를 타고 출근합니다. ➔ (도구, 방법) 으로

Step 2 연습문제

○ 다음 괄호 안에서 맞는 표현을 골라 보세요.

1 보고서 초안을 5월 1일**까지** 제출해야 합니다.
   ➔ You are required to show a draft of your paper (by / at) May 1.

2 당신이 돌아올 **때까지** 저는 우리 프로젝트를 마치겠습니다.
   ➔ (For the time / By the time) you get back, I will have finished our project.

3 저희에게 이메일이나 전화**로** 연락하시면 됩니다.
   ➔ You may reach us (by / on) email or phone.

4 제가 워싱턴에 갈 **때면** 날씨가 추워질 것입니다.
   ➔ It will be cold (by the time / by as time) I get to Washington.

   > by the time 주어+동사: ~할 때까지

5 이 책은 김 씨**가** 썼습니다. ➔ This book is written (by / to) Kim.

정답 1 by 2 By the time 3 by 4 by the time 5 by

142 전치사 behind 제대로 쓰기

- My boss was standing **behind** me monitoring my computer.
  저의 상사는 제 컴퓨터를 감시하며 뒤에 서 있었습니다. ➔ 뒤에 있는
- Korea has the second highest suicide rate **behind** India.
  한국은 인도 다음으로 높은 자살율을 기록하고 있습니다. ➔ 뒤쳐져 있는
- I am always **behind** you no matter what.
  저는 무슨 일이 있든 간에 당신 편입니다. ➔ 지지하는
- Our project is **behind** schedule. 우리 프로젝트는 일정보다 늦어졌습니다.
  ➔ (시간상으로) 늦은

○ 다음 괄호 안에서 맞는 표현을 골라 보세요.

1 한 남자가 제 뒤에 앉았습니다. ➔ A guy sat (back / **behind**) me.

2 그녀는 월세를 두 달 밀렸습니다.
  ➔ She is two months (after / **behind**) in rent.

3 그 프로젝트는 일정보다 2달이 늦어졌습니다.
  ➔ The project is two months (**behind** / after) schedule.

4 제 가족은 항상 저를 지지해 줍니다.
  ➔ My family has been (**behind** / for) me all the way.

5 제가 이혼한 데는 몇 가지 이유가 있습니다.
  ➔ There are some reasons (by / **behind**) my divorce.

  > behind에는 '사건의 배후에'라는 뜻이 있습니다.

6 저는 수학을 못했습니다.
  ➔ I (caught behind / **fell behind**) in math.

  > fall behind : 뒤처지다

○ 정답 1 behind 2 behind 3 behind 4 behind 5 behind 6 fell behind

Point 143 전치사 off 제대로 쓰기

Step 1 개념잡기

- I fell **off** a horse. 저는 말에서 떨어졌습니다. ➡ (거리상으로) 떨어져서
- I have a day **off** today. 저는 오늘 쉬는 날입니다. ➡ 쉬는
- You can get a 20% **off** of 100 dollars on this item.
  이 상품은 100달러에서 20달러 할인됩니다. ➡ 할인되는
- I try not to put things **off**. 저는 일을 미루지 않으려고 노력합니다.
  ➡ 미루다 [put off]
- Take **off** your shoes and jacket. 신발과 재킷을 벗으세요.
  ➡ 벗다 [take off]

Step 2 연습문제

○ 다음 괄호 안에서 맞는 표현을 골라 보세요.

1. 버스에서 **내렸**습니다. ➡ I got (on / off) a bus.

2. 그는 오늘 **휴가**입니다. ➡ He is (on / off) work today.

3. 저는 일 년을 **쉬면서** 캐나다에서 보냈습니다.
   ➡ I took a year (by / off) and spent it in Canada.

4. 서울행 비행기가 **이륙**했습니다.
   ➡ A plane heading for Seoul took (up / off).

5. 거리의 가로등이 **꺼**졌습니다.
   ➡ The street lights were turned (on / off).

6. 드디어 학자금 대출을 **갚았**습니다.
   ➡ I finally paid (off / in) my student loans.

   pay off : 갚다

7. TV를 **껐**다가 다시 켜 보세요.
   ➡ Turn your TV (on / off) and turn it back on.

   turn off : 끄다

○ 정답 1 off 2 off 3 off 4 off 5 off 6 off 7 off

Review

다음 괄호 안에서 맞는 표현을 골라 보세요.

1. 저는 고소공포증이 있습니다. → I am afraid (of / off) heights.
   hint be afraid of: ~를 걱정하다, 두려워하다

2. 저는 8시**까지** 출근하기로 되어있었습니다.
   → I was supposed to get to work (by / over) 8 a.m.

3. **친구의 친구**가 우리 집에서 하루 밤 재워달라고 부탁했습니다.
   → (A friend of a friend / A friend by a friend) asked for a place to stay for the night.
   hint 친구의 친구는 my friend's friend, a friend of a friend 등으로 표현합니다.

4. 저는 할 일이 있으면 절대 **미루지** 않습니다.
   → When I have something to do, I never put it (off / behind).
   hint put off: 미루다

5. 2014년에 만 명이 **넘는** 사람들이 음주운전으로 사망했습니다.
   → (By / Over) 10,000 people died because of drunk drivers in 2014.

6. 걱정은 **뒤로** 하십시오.
   → You should leave your anxiety (behind / over).

7. NFL 새 시즌이 **시작**되었습니다.
   → The NFL kicks (on / off) a new season.
   hint kick off: ~이 시작하다

8. 제 이혼**에는** 돈이 중요한 이유였습니다.
   → Money has been an important factor (by / behind) my divorce.
   hint behind에는 '(사건의) 배후에'라는 의미가 있습니다

모범 답안

1 of　2 by　3 A friend of a friend　4 off　5 Over　6 behind　7 off　8 behind

Point 144 전치사 up 제대로 쓰기

Step 1 개념잡기

- I looked **up** in the sky and saw birds flying.
  저는 하늘을 올려다 보고 새가 나는 것을 봤습니다. ➔ **위를**

- I was walking on the street when John came **up** to me.
  존이 제가 있는 쪽으로 다가왔을 때 저는 거리를 걷고 있었습니다.
  ➔ (사람/사물이 있는 쪽으로) **접근할 때**

- Let's drink **up**. 원 샷. ➔ (동사의 뒤에서) **행동을 완료한다는 의미**

- I ended **up** alone. 저는 결국 혼자 남았습니다. ➔ (결과가) **~하게 되다** [end up]

Step 2 연습문제

○ 다음 괄호 안에서 맞는 표현을 골라 보세요.

1. 저는 단어의 뜻을 **찾아**봅니다.
   ➔ I look (up / down) words to find their meanings.

   look up: (사전, 인터넷 등을) 찾아보다

2. 가스 가격이 **오르고** 있습니다. ➔ Gas prices are going (on / up).

3. 우리 몸무게의 70% **이상**이 물입니다.
   ➔ Water makes (up / for) more than 70% of your body's weight.

   make up: 구성하다, 이루다

4. 저는 좋은 생각을 **해냈**습니다.
   ➔ I came (up / down) with a good idea.

5. 일이 **생겨서** 회의에 참석할 수 없었습니다.
   ➔ Something (came up / went down) so I couldn't make it to the meeting.

   come up: 일이 생기다

○ 정답   1 up 2 up 3 up 4 up 5 came up

Point 145 전치사 down 제대로 쓰기

Step 1 개념잡기

- My friend came **down** to see me. 제 친구가 저를 보러 내려왔습니다.
  → 아래로
- I tried to sit my mom **down** and have a talk.
  저는 엄마를 앉히고 대화를 나누려고 했습니다. → 앉히다 [sit someone down]
- He had stepped **down** from being Korea's president.
  그는 한국 대통령 직을 사임했습니다. → (자진해서 높은 자리에서) 사퇴하다 [step down]
- I'm feeling **down**. 기분이 안 좋아요. → 기분이 좋지 않다 [feel/be down]

Step 2 연습문제

○ 다음 괄호 안에서 맞는 표현을 골라 보세요.

1 앉아서 주문을 받는 식당이 모두 비싼 것은 아닙니다.
  → Not all (sit-up / sit-down) restaurants are pricy.
  sit-down restaurant: 앉아서 주문을 받는 식당

2 저는 고개를 숙여 반지를 보았습니다.
  → I looked (up / down) at my ring.

3 비가 많이 옵니다. → The rain is coming (up / down).

4 저는 한동안 누워 있었습니다. → I lay (up / down) for a while.

5 경기 침체로 주택 가격이 내려갔습니다.
  → The economic slowdown has brought (down / back) home prices.
  bring down: 낮추다

6 저는 감기에 걸렸습니다.
  → I'm coming (up / down) with a cold.
  come down: 병에 걸리다, 눈·비가 많이 오다

정답 1 sit-down 2 down 3 down 4 down 5 down 6 down

Point 146 전치사 like 제대로 쓰기

Step 1 개념잡기

seem, feel, taste, smell, sound, look 동사에 like를 붙이면 '~처럼 …하다'라는 뜻이 됩니다. 여기서 like는 '~처럼', '~같이'라는 뜻의 전치사입니다.

He seems **like** a good guy. 그는 좋은 사람 같아 보입니다.
I don't feel **like** doing anything tonight. 오늘밤 아무것도 하고 싶지 않습니다.
Frogs taste **like** chicken. 개구리는 닭고기 맛이 납니다.
My perfume smells **like** roses. 제 향수는 장미향입니다.

Step 2 연습문제

○ 다음 괄호 안에서 맞는 표현을 골라 보세요.

1 지금 피자를 먹고 싶습니다.
   → I (feel like / eat like) having pizza now.

2 제가 불운을 겪고 있는 것 같습니다.
   → It (seems / seemed) like I suffer from bad luck.

3 그에게서 담배 냄새가 납니다.
   → He smells (as / like) cigarette smoke.

4 그녀는 데이지를 닮지 않았습니다.
   → She doesn't look (as / like) Daisy.

5 부전자전 → (As / Like) my father, like son.

6 그녀는 모델 같습니다. → She looks (as / like) a model.

7 그는 목소리가 아픈 것 같았습니다. → He sounds (as / like) he is sick.

8 그는 아버지를 닮았습니다.
   → He looks (like / alike) his father.

○ 정답 1 feel like 2 seems 3 like 4 like 5 Like 6 like 7 like 8 like

147 특정 동사와 쓰이는 전치사

Step 1 개념잡기

특정 동사와 어울려 함께 쓰이는 특정 전치사는 반드시 암기해 두어야 합니다.

동사	전치사	동사	전치사
agree	with+사람/on+의견/to+행동	compare	to: 비유하다/with: 비교하다
believe	in	attribute	to
belong	to	get married	to
depend	on	listen	to

Step 2 연습문제

○ 다음 괄호 안에서 맞는 표현을 골라 보세요.

1 저는 헬렌에 완전히 동의합니다.
   → I agreed (at / with) Helen.

2 저는 저 자신과 저의 능력을 믿습니다.
   → I believed (in / with) myself and my abilities.

3 그는 사업에서 성공할 만한 능력을 갖추고 있습니다.
   → He has abilities to succeed (at / in) business.

4 저는 그를 3시간 기다렸습니다.
   → I had been waiting (for / to) him for three hours.

5 음악을 들으면 스트레스를 줄일 수 있습니다.
   → Listening (to / for) music can reduce stress.

정답 1 with 2 in 3 in 4 for 5 to

Review

다음 괄호 안에서 맞는 표현을 골라 보세요.

1. 겨울이 **오고** 있습니다.
   → Winter is coming (up / down).
   hint come up: (날짜 등이) 다가오다

2. 우리는 서로 다릅니다.
   → We are different (from / like) each other.
   hint be different from: ~과 다르다

3. 저는 연예인**처럼** 보이고 싶습니다.
   → I want to look (like / to) a celebrity.

4. 그것은 처음에는 평범한 집**처럼** 보였습니다.
   → It looked (in / like) a normal house at first.

5. 저의 성공은 열심히 일한 덕분입니다.
   → My success is attributed (to / with) hard work.
   hint attribute to…: ~의 덕분으로 돌리다

6. 제 친구들은 가족**같습니다**.
   → My friends are (with / like) my family.

7. 저는 스페인 남자와 결혼했습니다.
   → I am married (with / to) a Spanish man.
   hint be married to는 '~와 결혼하다', be married with는 '결혼 후 ~아이가 있다'라는 뜻입니다.

8. 저는 결혼해서 3명의 아이를 낳았습니다.
   → I am married (with / to) three children.
   hint be married to는 '~와 결혼하다', be married with는 '결혼 후 ~ 아이가 있다'라는 뜻입니다.

모범 답안

1 up 2 from 3 like 4 like 5 to 6 like 7 to
8 with

Part 8

네이티브 뺨치는 고급 문장 쓰기

- Point 148
- Point 149
- Point 150
- Point 151
- Point 152
- Point 153
- Point 154
- Point 155
- Point 156
- Point 157
- Point 158
- Point 159
- Point 160
- Point 161
- Point 162
- Point 163
- Point 164
- Point 165
- Point 166
- Point 167
- Point 168
- Point 169
- Point 170
- Point 171
- Point 172
- Point 173

Point 148 둘 중 하나에는 either~ or…

Step 1 개념잡기

either~ or…(~ 혹은 …)는 **두 가지 옵션 중 하나를 선택할 때** 사용합니다. either와 or의 뒤에는 같은 품사를 가진 단어를 넣어 문장을 대등하게 연결합니다.

I had to decide either to go abroad or to settle down here.
저는 해외에 나가거나 여기에 정착하는 것 중에 선택해야 했습니다.

either~ or… 구문이 주어로 사용될 경우, either/or 사이의 두 명사가 단수면 동사는 단수형을, 둘 중 하나라도 복수면 동사는 복수형을 취합니다. 이때 either는 생략 가능합니다..

Step 2 연습문제

○ 다음 괄호 안에서 맞는 표현을 골라 보세요.

1 저는 직업을 그만두거나 계속 전진할 수 있었습니다.
 → I could (either / neither) quit my job or move on.

2 그는 수영이나 테니스를 좋아하지 않습니다.
 → He doesn't like (and / either) swimming or playing tennis.

3 저는 둘 다 좋아요. → (Either / Both) is fine with me.

4 당신이나 우리 팀원 중 누군가가 초과 근무를 해야 할 거예요.
 → Either you or other members of our team (have / has) to work overtime.

5 결과가 예측 불가능합니다. → It could go either (way / ways).

정답 ○ 1 either 2 either 3 Either 4 have 5 way

Point 149 · 둘 다 아니면 neither~ nor…

Step 1 개념잡기

두 가지 이상에 대해 불호를 나타내거나 사실이 아님을 말할 때 neither~ nor…(~도 …도 아니다)〉을 사용합니다. neither와 nor뒤에 들어가는 단어는 같은 품사를 사용합니다.

The house was neither cozy nor clean.
그 집은 아늑하지도 깨끗하지도 않습니다.

앞 문장이 부정문이면 뒤따라오는 문장에 nor를 써서 '~도 또한'의 의미를 나타낼 수 있습니다. 어순은 〈Nor+동사+주어〉로 주어와 동사의 위치를 도치시킵니다.

I don't want to study further. Nor do I want to get a job.
저는 더 공부하고 싶지 않습니다. 취업하기도 싫습니다.

Step 2 연습문제

○ 다음 괄호 안에서 맞는 표현을 골라 보세요.

1 저는 피자도 햄버거도 싫습니다.
   → I like (neither / either) pizza nor hamburgers.

2 그는 춤을 추고 싶지도 노래를 하고 싶지도 않았습니다.
   → He wants to neither dance (or / nor) sing.

3 저는 과학자가 아니며 되고 싶은 생각도 없습니다.
   → I am not a scientist. (Neither / Nor) do I want to be one.

4 저는 아들이 둘 있는데, 둘 다 저를 닮지 않았습니다.
   → I have two sons, and (either / neither) of them looks like me.

5 우리 둘 다 더 오래 일을 하고 싶지 않습니다.
   → (Neither / Nor) of us wants to work more hours.

정답 1 neither 2 nor 3 Nor 4 neither 5 Nor

Point 150 둘 다 해당될 땐 both

Step 1 개념잡기

both는 **두 가지 모두를 가리킬 때** 사용합니다.

A Which sentence is correct? 어떤 문장이 맞나요?
B **Either** works. 둘 다 맞습니다.
   둘 중 아무거나 선택해도 되는, 대상에 대한 선호가 없는 경우 either를 씁니다.

A Which do you prefer between coffee and tea?
   커피와 차 중 뭘 좋아하세요?
B I like **both** of them. 둘 다 좋아해요.
   둘 다 좋거나 둘 다 포함시켜야 한다고 말할 때 both를 씁니다.

both는 긍정문에서만 사용되며, 부정문에서는 neither를 씁니다.

Step 2 연습문제

다음 괄호 안에서 맞는 표현을 골라 보세요.

1 우리 부모님은 **두 분 다** 선생님이십니다.
   → (Both / Either) of my parents are teachers.

2 저는 **두 손**을 똑같이 사용합니다.
   → I use (both / either) hands equally.

3 **모든** 남자와 여자는 태어날 때부터 동등합니다.
   → (Both / And) men and women are born equal.

4 우리는 **둘 다** 콜라를 좋아합니다. → We (both / either) like coke.

5 동전의 **양면**을 볼 수 있어야 합니다.
   → You should take a look at (both / or) sides of the coin.

정답 1 Both 2 both 3 Both 4 both 5 both

Point 151 | 충분할 때는 enough

Step 1 개념잡기

enough는 형용사로 '충분한(필요한 만큼 있는)'이라는 뜻을 갖습니다. 반면 too는 '필요한 것보다 지나치게 더 많은'이라는 부정적인 뜻입니다.

I have **enough** money to buy a car. 저는 차를 사기 위한 돈을 충분히 모았습니다.
Too much is worse than **too** little. 과한 것은 모자란 것만 못합니다.

enough to는 형용사 앞에서 '~하기 충분한'의 의미로 사용됩니다.
I am old **enough to** drive. 저는 운전할 나이가 되었습니다.

Step 2 연습문제

○ 다음 괄호 안에서 맞는 표현을 골라 보세요.

1. 저는 운동할 시간이 없습니다.
   → I don't have (enough / too) time to exercise.

2. 경기 침체로 일자리가 **충분하지** 않습니다.
   → There are not (enough / too) jobs due to sluggish economy.

3. 그는 변호사가 될 **정도로** 똑똑하지 않습니다.
   → He is not smart (enough / too) to be a lawyer.

4. 시험을 통과할 정도로 공부는 **충분히** 했습니다.
   → I have studied (enough / too) to pass the exam.

5. 저는 밥을 **충분히** 먹었습니다. → I've had (enough / too) food.

○ 정답 1 enough 2 enough 3 enough 4 enough 5 enough

Review

다음 괄호 안에서 맞는 표현을 골라 보세요.

1. 저는 정크푸드도 좋아하지 않습니다.
   → I don't like junk food, (either / neither).
   hint 부정문에서 '~도 역시'를 나타낼 때 either를 씁니다.

2. 제 친구들은 스페인 어를 못합니다. 저도 못합니다.
   → My friends don't speak Spanish, and (neither do I / either do I).
   hint 'neither do/does/did+주어'는 '~도 …가 아니다'는 뜻입니다.

3. 저희 둘 다 동성 결혼을 지지합니다.
   → (Both of us / Either of us) support gay marriage.
   hint 둘 다를 나타낼 때는 both를 씁니다.

4. 초콜렛과 커피 중에 결정을 못 내리겠으면 둘 다 드십시오.
   → If you can't decide between chocolate and coffee, get (both / too).
   hint 둘 다를 나타낼 때는 both를 씁니다.

5. 우리 모두는 인생을 바꿀 힘을 충분히 가지고 있습니다.
   → We are all strong (enough / too) to change our lives.

6. 지식은 충족시킬 수가 없습니다.
   → Knowledge is never (enough / too).

7. 저는 축구를 할 때 양발을 모두 사용합니다.
   → I use (both / either) of my feet when I play soccer.
   hint 둘 다를 나타낼 때는 both를 씁니다.

8. 저는 양쪽 이야기를 모두 들어보려 합니다.
   → I am trying to listen to (both / either) sides of the story.
   hint 둘 다를 나타낼 때는 both를 씁니다.

모범 답안

1 either   2 neither do I   3 Both of us   4 both   5 enough   6 enough   7 both
8 both

Point 152 이중 부정

Step 1 개념잡기

부정어인 not은 never, nothing과 같은 다른 부정어와 한 문장에서 중복하여 쓰지 않습니다.

I did**n't** say **nothing**. **(X)**
<small>not과 nothing의 부정어가 한 문장에 두 번 사용되었으므로 비문입니다.</small>
→ I did**n't** say anything. **(O)** 저는 아무 말도 하지 않았습니다.

하지만 부정의 뜻을 가진 형용사(unattractive, unfamiliar, unimportant 등)나 부정의 뜻을 가진 전치사(without)와 부정어는 함께 사용할 수 있습니다. 이중 부정은 대게 긍정과 부정 중간의 의미를 지닙니다.

Domestic violence is **not uncommon**. 가정 폭력은 드물지 않습니다.
<small>부정어+부정 형용사</small>

Step 2 연습문제

○ 다음 괄호 안에서 맞는 표현을 골라 보세요.

1 이 즈음에 비가 오는 것은 **드문 것이 아닙니다**.
 → It is (not unusual / not hardly unusual) to have rain at this time of the year.

2 저는 가족 **없이** 살 수 없습니다.
 → I can't live (with no / without) my family.

3 그녀는 **매력이 없지** 않습니다.
 → She is (not unattractive / not hardly attractive).

4 우울함을 느끼는 것은 **드물지 않습니다**.
 → It's (not unusual / hardly usual) to suffer from depression.

5 허가 **없이** 다른 이들의 작품을 인용해서는 안 됩니다.
 → You shouldn't quote someone else's work (with / without) permission.

<small>정답: 1 not unusual 2 without 3 not unattractive 4 not unusual 5 without</small>

153 빈도를 나타내는 숫자 표현

once, twice, three times…와 같이 빈도를 표현하는 숫자 표현은 **횟수를 셀 때** 사용합니다.

I eat **three** times a day. 저는 하루에 3번 먹습니다.

빈도 표현이 명사 앞에 쓰이면 배수를 나타내고, as ~ as 앞에 쓰이면 '몇 배만큼 ~한'의 뜻이 됩니다.

I drove at **twice** the speed limit. 저는 제한 속도의 2배를 달렸습니다.
I have **three times** as many clothes as Lisa does.
저는 리사보다 옷이 3배가 많습니다.

○ 다음 괄호 안에서 맞는 표현을 골라 보세요.

1 약은 하루에 **3번** 드세요.
   → Be sure to take your medication (three times / third times) a day.

2 이 책은 제가 생각했던 것보다 **두 배**가 비쌌습니다.
   → This book costs (two times / twice) as much as I thought.

3 저는 그 영화를 **두 번** 봤습니다.
   → I have watched that movie (two / twice).

4 오늘 숙제는 평소보다 **두 배**나 걸려서 완성했습니다.
   → Doing my homework today took (two / twice) as long as usual.

5 태양은 달**보다** 400배가 큽니다.
   → The sun is 400 times bigger (as / than) the moon.

정답 ○ 1 three times 2 twice 3 twice 4 twice 5 than

불변의 사실 강조 no matter

Step 1 개념잡기

〈no matter+의문사〉는 **조건과 상황에 따라 변하지 않는 사실을 강조할 때** 사용합니다. 미래 의미에도 현재시제를 사용하며, no matter절이 문두에 나오면 끝에 콤마를 찍습니다.

No matter what he says, I will do whatever I want.
그가 뭐라고 하든 제가 원하는 것은 모두 하겠습니다.

no matter what은 '어떻게든지'라는 의미로, 무조건 해야 하는 일에 사용합니다.
I will support you **no matter what**. 저는 당신을 무조건 지지합니다.

Step 2 연습문제

 다음 괄호 안에서 맞는 표현을 골라 보세요.

1 **얼마나** 열심히 노력하든 저는 성공하지 못할 것입니다.
   → (No matter how / No matter what) hard I try, I'll never succeed.

2 당신이 **누구든 간에** 당신은 사랑받을 자격이 있습니다.
   → (No matter who / No matter what) you are, you deserve to feel loved.

3 우린 **무슨 일이 있어도** 프로젝트를 정시에 끝내야 합니다.
   → We have to finish the project on time (no matter who / no matter what).

4 **아무리** 늦게 자더라도 저는 아침에 항상 상쾌함을 느낍니다.
   → No matter (how / what) late I go to sleep, I always feel refreshed in the morning.

5 당신이 **어디로** 가든지 당신을 찾을 것입니다.
   → I will find you no matter (what / where) you go.

정답 1 No matter how 2 No matter who 3 no matter what 4 how 5 where

155 불분명한 출처에는 allegedly

정확한 정보의 소스가 공개되지 않을 때 allegedly(알려진 바에 따르면), reportedly(언론 보도에 따르면)와 같은 표현을 사용합니다.

He was allegedly involved in drug trafficking.
그는 이른바 마약 밀매에 가담했다고 합니다.

Rumor(legend, tradition) has it that ~은 '소문(전설, 전통)에 따르면 ~하다'의 의미입니다.

Rumor has it that the government may raise taxes.
소문에 따르면 정부는 세금을 올릴 것이라고 합니다.

○ 다음 괄호 안에서 맞는 표현을 골라 보세요.

1 그는 **알려진 바에 따르면** 자신의 아들을 살해했다고 합니다.
   → He is (allegedly / finally) guilty of murdering his son.

2 **전설에 따르면** 인디언들은 다른 종류의 집에 거주했다고 합니다.
   → (Legend has it that / Allegedly) Native Americans lived in different types of houses.

3 언론 보도에 **따르면** 스미스가 그의 미성숙한 행동을 후회하고 있다고 합니다.
   → Smith (reportedly / accordingly) regrets his immature behavior.

4 언론 보도에 **따르면** 제인과 제이미는 이혼을 했다고 합니다.
   → Jane and Jamie (respectively / reportedly) got a divorce.

정답 1 allegedly 2 Legend has it that 3 reportedly 4 reportedly

Point 156 even은 언제, 어떻게 쓸까

Step 1 개념잡기

충격, 놀라움 등을 나타낼 때 명사나 동사 앞에 even을 붙이고 '~조차도'라고 해석하여 강조를 나타냅니다.

Even people in their 20s can have a heart attack.
20대의 사람에게조차도 심장마비가 일어날 수 있습니다.

비교급 앞에서 '더 많이'의 의미를 가집니다.

This house is **even** better than I thought.
even은 '조금 더 많다'라는 의미로, much(훨씬 더 많이)보다 강조의 의미가 약합니다.
이 집은 제가 생각했던 것보다 훨씬 좋습니다.

Step 2 연습문제

 다음 괄호 안에서 맞는 표현을 골라 보세요.

1 착한 학생들에게**조차도** 조언은 필요합니다.
   → (Even / Ever) good students need advice.

2 저는 물**도** 못 마시겠습니다.
   → I can't (even drink / drink even) water.

3 부유한 국가에서**조차도** 길 위 거지의 수는 증가하고 있습니다.
   → (In even rich countries / Even in rich countries), the number of street beggars is increasing.

4 어떤 이들은 **심지어** 자신의 꿈을 이룬 이후에도 계속해서 일을 합니다.
   → Some people keep working (even after / after even) they achieve their dreams.

5 우리는 **심지어** 서로 이야기**조차** 하지 않았습니다.
   → We didn't (even / ever) talk to each other.

정답 1 Even 2 even drink 3 Even in rich countries 4 even after 5 even

157 무엇이든, 누구든, 언제든 ever

Step 1 개념잡기

whatever, whoever, whichever, whenever와 같이 의문사에 ever를 붙이면 '~은 무엇이든', '~와는 상관없이'라는 의미로 사용됩니다.
Whoever comes first will win the prize.
첫 번째로 도착하는 사람이 상을 타게 됩니다.

I will follow you **wherever** you go. 당신이 어딜 가든 제가 따라가겠습니다.

any도 '어느 쪽을 택하든', '무엇이든'의 의미를 가집니다.
You will be beautiful in **any** dress you wear.
무슨 옷을 입든 당신은 아름다울 거예요.

Step 2 연습문제

다음 괄호 안에서 맞는 표현을 골라 보세요.

1 제게 **무슨 일이** 일어나든 나는 나입니다.
→ (Whatever / However) happens to me, I am who I am.

2 잭과 나는 잭이 편한 시간이라면 **언제든** 만납니다.
→ Jack and I always meet (whoever / whenever) it's convenient.

3 당신이 말하는 것은 **뭐든** 믿겠습니다.
→ I believe (whichever / whatever) you say.

4 내가 원하는 것을 **다** 살 수는 없습니다.
→ I can't buy (however / whatever) I want.

5 이기기 위해서라면 **무엇이든** 하겠습니다.
→ I will do (whoever / whatever) it takes to win.

정답 1 Whatever 2 whenever 3 whatever 4 whatever 5 whatever

Review

다음 괄호 안에서 맞는 표현을 골라 보세요.

1 그는 제가 들어 본 것 중 제일 어이없는 실수를 저질렀습니다.
   ➡ He made the stupidest mistake I have (ever / even) heard.
   hint 최상급 뒤에 '주어+have+ever+p.p.'를 붙이면 최상급의 의미를 강조하게 됩니다.

2 그녀는 **지금까지** 살았던 모든 사람 중에 가장 훌륭한 가수입니다.
   ➡ She is the greatest singer who has (without / ever) lived.
   hint 최상급 뒤에 '주어+have+ever+p.p.'를 붙이면 최상급의 의미를 강조하게 됩니다.

3 식당에서 강아지를 보는 것은 **드물지 않습니다**.
   ➡ It is (not uncommon / uncommon not) to see a dog in a restaurant.
   hint 이중부정입니다.

4 저는 **무조건** 스타가 될 것입니다.
   ➡ I'll become a star (no matter what / no matter how).

5 한 남자가 위조 지폐를 만들고 처벌을 받지 않았**다고 합니다**.
   ➡ A guy (allegedly / allegly) made fake money and got away with it.

6 겨울이 **심지어** 아직 시작도 안했습니다.
   ➡ Winter hasn't (even / ever) started yet.

7 한 남자가 ATM에서 돈을 훔치다가 잡혔**다고 합니다**.
   ➡ A guy (alleged / allegedly) got caught stealing money from an ATM.

8 사람들은 당신이 **누구**든 당신을 평가할 것입니다.
   ➡ People will judge you no matter (how / who) you are.
   hint 'no matter+who+주어+동사'는 '~가 누구든지 간에', '누가 ~을 하더라도'라는 뜻입니다.

모범 답안

1 ever   2 ever   3 not uncommon   4 no matter what   5 allegedly   6 even
7 allegedly   8 who

Point 158 동사로 사람 특징 표현하기

Step 1 개념잡기

동사에 er를 붙이면 '~를 하는 사람'의 의미가 됩니다. 행동을 묘사할 때 〈동사+er〉 형태의 명사형을 쓰면 동사의 의미를 표현할 수 있습니다.

Some people are poor **thinkers**.
think(생각하다)에 er을 붙인 thinker는 '생각하는 사람'의 의미입니다.
어떤 이들은 생각을 잘 해내지 못합니다.

I am a firm **believer** that good always wins over evil.
believe(믿다)에 er를 붙인 believer는 '믿는 사람'이라는 의미입니다.
저는 선이 항상 악을 이긴다고 굳게 믿습니다.

Step 2 연습문제

의미에 유의하며 괄호 안의 표현을 알맞게 바꿔 보세요.

1 저는 잠귀가 어둡습니다.(저는 **잠귀가 어두운 사람**입니다.)
→ I am a heavy (sleep).

2 제시카는 운이 좋아 **추측을 잘 맞힙니다**.
→ Jessica is a lucky (guess).

3 저는 열심히 **배우는 사람**입니다. → I am an avid (learn).

4 그는 **술 고래**였습니다. → He was a heavy (drink).

5 저는 주말에 **영화를 보러갑니다**.
→ I am a weekend (movie-go).

6 뉴욕은 **음악 애호가**들이 반드시 들러야 할 곳입니다.
→ New York is a must-visit place for (music love).

7 저는 중간에 **그만두지 않습니다**.
→ I have never been a (quit).

정답: 1 sleeper 2 guesser 3 learner 4 drinker 5 movie-goer 6 music lovers 7 quitter

Point 159 | 동사처럼 쓰이는 명사

Step 1 개념잡기

의미 전달의 효율성에 따라 명사를 동사처럼 쓰는 경우가 있습니다. 이렇게 표현하면 뜻이 확실하고 군더더기 없는 문장이 됩니다. 단, 모든 명사가 동사로 사용되는 것은 아니니 주의해서 써야 합니다.

I am **interning** abroad. 저는 해외에서 인턴을 하고 있습니다.
　　intern(인턴)이라는 명사를 동사로 사용했습니다.

Step 2 연습문제

○ 다음 괄호 안에서 맞는 표현을 골라 보세요.

1 저는 골프를 치러 갑니다. → I am going (golfing / golfed).

2 당신에게 이 계약 서류를 팩스로 보내겠습니다.
    → I will (fax / faxing) the contract to you.

3 그는 런던 올림픽 수영 부문에서 메달을 땄습니다.
    → He (medal / medaled) in swimming in the London Olympics.

4 저는 아들 이름을 제이슨이라고 지었습니다.
    → I (named / name) my son Jason.

5 그는 영화 '가족'에 출연했습니다.
    → He (star / starred) in the film *The Family*.

6 부모 노릇은 쉽지 않습니다. → (Parenting / Parent) is not easy.

7 저는 매일 꽃에 물을 줍니다.
    → I (water / watering) my flowers every day.

○ 정답 1 golfing 2 fax 3 medaled 4 named 5 starred 6 Parenting 7 water

Point 160 명사의 반복을 피할 땐 one

Step 1 개념잡기

영어는 한 문장에서 같은 단어를 반복하는 것을 좋아하지 않습니다. 그래서 **명사의 반복을 피하기 위해 대명사 it과 one**을 사용합니다. it과 one의 쓰임은 다음과 같습니다.

Jack emailed me yesterday, and I have forwarded it to James.
가리키는 대상(잭의 이메일)이 명확하므로 it을 사용
잭이 어제 내게 이메일을 보냈고 저는 그 메일을 제임스에게 전달했습니다.

There are two cars at the park. The red one is mine.
차량 두 대 중 가리키는 것이 명확하지 않으므로 one을 사용
공원에 차가 두 대 있습니다. 빨간 차가 제 차입니다.

Step 2 연습문제

○ 다음 괄호 안에서 맞는 표현을 골라 보세요.

1. 이 사진에 두 소년이 있습니다. 키가 큰 **소년**이 로빈이고 키가 작은 **소년**이 케빈입니다.
   → I see two boys in this picture. Robin is the tall (it / one), and Kevin is the short (it / one).

2. 제가 입어 본 모든 옷 중 파란 **옷**이 가장 마음에 들었습니다.
   → Out of all the clothes I tried on, I liked the blue (it / one) best.

3. 바지가 찢어져서 새 **것**을 사려고 합니다.
   → I ripped my pants. I think I'll buy some new (one / ones).

   > 복수의 대명사를 받을 때는 ones(가리키는 대상이 모호한 경우) 또는 they(가리키는 대상이 구체적인 경우)를 사용합니다.

4. 저는 신발을 두 켤레 샀습니다. 그 **신발**은 제 발에 꼭 맞습니다.
   → I bought two pairs of shoes. (It / They) fit me perfectly.

정답 1 one, one 2 one 3 ones 4 They

Point 161 | 재귀대명사 바로 쓰기

Step 1 개념잡기

행동의 대상이 자기 자신일 때는 소유격이나 목적격에 self를 붙인 재귀대명사를 사용합니다.

She killed herself. 그녀는 자신을 죽였습니다(자살했습니다).

또한 재귀대명사를 넣어 '스스로' 행동을 했다는 사실을 강조합니다.

I drove myself to the hospital. 저는 병원까지 직접 운전했습니다.

〈재귀대명사 형태〉

| myself | yourself (단수) | yourselves (복수) | himself | herself | itself | themselves |

Step 2 연습문제

○ 다음 괄호 안에서 맞는 표현을 골라 보세요.

1 TV가 **저절로** 켜지고 꺼집니다.
  → My TV turns on and off (by itself / by themselves).

2 칼로 몸을 베었습니다. → I cut (me / myself) with a knife.

3 저는 공부를 더 열심히 하기 위해 **스스로를** 채찍질하려 합니다.
  → I'm trying to motivate (me / myself) to study harder.

4 저는 매일 운동하는 것이 잘 안됩니다.
  → I can't make (me / myself) to exercise every day.

5 저는 **스스로** 화장을 했습니다. → I did my makeup (me / myself).

6 저는 **스스로를** 위해서는 요리하지 않지만 가족을 위해서는 합니다.
  → I don't cook for (my / myself), but I do for my family.

정답 1 by itself 2 myself 3 myself 4 myself 5 myself 6 myself

Point 162 간결한 문장 만들기

Step 1 개념잡기

영어 문장에서, 특히 영작에서는 간결한 문장이 가장 좋은 문장입니다. 단어의 의미와 문장 구조를 정확하게 알면 불필요한 중복 의미를 없앨 수 있습니다.

I am **absolutely** sure Lisa would like my **free** gifts.
　　　sure가 확신한다는 의미이므로 생략 가능　　　　　　선물은 공짜이므로 free가 불필요함
저는 리사가 제 선물을 좋아할 것이라고 장담합니다.
→ **I am sure Lisa would like my gifts.**

Step 2 연습문제

○ 다음 중 간결성을 생각할 때 필요 없는 부분을 골라 보세요.

1 제임스는 다음 프로젝트 때 저와 협업할 수도 있습니다.
　→ James could ① collaborate ② together ③ with me ④ on the next project.

2 저는 아침 7시에 기차를 탔습니다.
　→ ① I got on a ② train ③ at 7 a.m. ④ in the morning.

3 저는 여러분 한 분 한 분께 감사의 말씀을 드리고 싶습니다.
　→ I ① would ② like to ③ thank each ④ and every one of you.

4 그는 제가 뭘 좋아하는지 아는 사람입니다.
　→ ① He ② is a person who knows ③ what ④ I like.

5 저희 회사는 옷을 수입합니다.
　→ My ① company ② imports ③ clothing ④ from abroad.

6 상사가 여름 휴가에서 돌아와 사무실에 복귀했습니다.
　→ ① My boss ② returned ③ back to the office ④ after summer vacation.

정답 1② 2④ 3④ 4② 5④ 6③

Point 163 명사 같은 부사

Step 1 개념잡기

home은 '집'이라는 뜻의 명사와 '집으로'라는 부사로 사용됩니다. upstairs(위층, 위층으로) / downstairs(아래층, 아래층으로) 역시 명사와 부사 모두 사용 가능합니다. 반면 abroad는 '해외로'라는 뜻의 부사로만 사용됩니다. 이런 부사들에는 전치사가 따로 필요하지 않기 때문에 유의해서 씁니다.

My brother didn't **come home** until 11 p.m.
  동사+home(부사)
제 남동생이 11시까지 집에 돌아오지 않았습니다.

I **went downstairs** to get some coffee.
 동사 + downstairs(부사)
커피를 마시려고 아래층으로 내려갔습니다.

Step 2 연습문제

다음 괄호 안에서 맞는 표현을 골라 보세요.

1 우리 집에 오신 것을 환영합니다.
   → Welcome (home / to my home).

2 저는 하교 후 집으로 갔습니다.
   → I went (home / to home) after school.

3 경치를 더 잘 보기 위해 위층으로 올라갔습니다.
   → I went (upstairs / to upstairs) to get a better view.

4 저는 해외에서 3년을 공부했습니다.
   → I studied (abroad / in abroad) for three years.

5 해외 근무는 보람 있는 경험이었습니다.
   → Working (abroad / to abroad) was a rewarding experience for me.

○ 정답 1 home 2 home 3 upstairs 4 abroad 5 abroad

Point 164 동사 같은 형용사

Step 1 개념잡기

alive, asleep, alike, awake, afloat처럼 동사에 'a'가 붙은 형태의 형용사는 명사를 수식하지는 못하고 2형식 동사(be, seem, look, appear, fall 등)의 뒤에서 보어 역할을 합니다.

He still keeps his dream **alive**. 그는 여전히 꿈을 버리지 않고 있습니다.
I tried reading a book, but then I fell **asleep** shortly.
책을 읽으려 했지만 금방 잠들었습니다.
My father and mother look **alike**. 저희 부모님은 서로 닮았습니다.
I can't swim but I can stay **afloat**.
저는 수영은 못하지만 물에 떠 있을 수는 있습니다.

> stay afloat은 문자 그대로 '물에 떠 있다', 은유적으로 '파산하지 않고 근근이 버티다'라는 뜻을 지닙니다.

Step 2 연습문제

○ 다음 괄호 안에서 맞는 표현을 골라 보세요.

1 부부는 닮습니다. → Couples look (like / **alike**).

2 그는 사고 후에도 아직 살아 있었습니다.
→ He was still (living / **alive**) after the accident.

3 저는 10초 만에 잠이 들 수 있습니다.
→ I can fall (sleepy / **asleep**) in 10 seconds.

4 저는 잠에서 깨기 위해 눈을 문질렀습니다.
→ I rubbed my eyes to stay (waking / **awake**).

5 저는 파산하지 않으려고 애를 쓰고 있습니다.
→ I am struggling to stay (float / **afloat**).

6 커피를 마시면 잠이 깹니다. → Coffee keeps me (wake / **awake**).

○ 정답 1 alike 2 alive 3 asleep 4 awake 5 afloat 6 awake

Review

다음 괄호 안에서 맞는 표현을 골라 보세요.

1. 저는 편식이 심합니다. → I am a picky (eating / eater).
   hint 동사에 er을 붙여 명사형을 만듭니다.

2. 저는 평소처럼 **집을** 나왔습니다. → I left (home / from home) as usual.
   hint home이 부사로 사용되었습니다.

3. 저는 동물을 **사랑합니다**. → I am an animal (love / lover).
   hint 동사에 er을 붙여 명사형을 만듭니다.

4. 저는 중도에 **포기하지** 않습니다. → I am not a (quitter / quitted).
   hint 동사에 er을 붙여 명사형을 만듭니다.

5. 저는 **구글에서** 제 이름을 **검색했습니다**. → I (googled / googling) my name.
   hint google은 사이트를 가리키는 명사 외에 동사로 쓰이면 '구글을 검색하다'라는 의미가 됩니다.

6. 저는 거울 속 **제 모습을** 사진 찍었습니다.
   → I took pictures of (myself / me) in the mirror.

7. 잠 들지 않으려고 커피를 마셨습니다.
   → I drank coffee to (stay awake / stay wake).

8. **유학**은 좋은 경험이 될 수 있습니다.
   → Studying (abroad / to abroad) can be a good experience.
   hint abroad가 부사로 사용되었습니다.

9. 저는 해외 여행이 이번이 **처음**입니다.
   → This is my (first time / once) traveling aboard.

10. 저는 인과응보를 **믿습니다**. → I am a firm (believer / believe) in Karma.
    hint 동사에 er을 붙여 명사형을 만듭니다.

모범 답안

1 eater   2 home   3 lover   4 quitter   5 googled   6 myself   7 stay awake
8 abroad   9 first time   10 believer

165 빈도를 나타내는 부사

Step 1 개념잡기

빈도를 나타내는 부사는 아래와 같습니다.

always (항상)	regularly (주기적으로)	usually (보통)	normally (보통은)
constantly (계속해서)	often (보통)	sometimes (때때로)	occasionally (때때로)
rarely (드물게)	seldom (좀처럼 ~않는)	hardly (거의 ~않다)	never (절대로 ~않는)

daily, yearly와 같이 구체적인 빈도를 나타내는 부사는 문장의 끝에 사용됩니다. 그 외의 빈도부사는 일반적으로 일반 동사의 앞이나 be동사/조동사의 뒤에서 쓰이고, 문장의 제일 앞이나 뒤에 위치할 수도 있습니다.

Step 2 연습문제

○ 다음 문장에서 빈도 부사가 들어갈 위치를 모두 골라 보세요.

1 저는 가끔(sometimes) 직장에서 기진맥진한 기분이 듭니다.
  → I am ① feeling ② overwhelmed ③ at ④ work.

2 저는 항상(always) 시간을 지킵니다.
  → I ① can ② make it ③ on ④ time.

3 때로는(sometimes) 모든 것을 놓고 휴식을 취해야 합니다.
  → ① You ② should ③ take a break for ④ everything.

4 저는 매달(monthly) 월세를 냅니다.
  → ① I ② pay my ③ rent ④.

5 저는 보통(usually) 모든 것이 잘 되어가고 있는지 두 번 확인합니다.
  → ① I ② double check to make sure everything is ③ working fine ④.

○ 정답 1 ①,② 2 ①,② 3 맨 앞,④ 4 ④ 5 ①,②,④

166 장소를 나타내는 부사

Step 1 개념잡기

다음과 같은 부사구는 장소를 나타낼 때 사용합니다.

in front of (~의 앞에)	next to (~의 옆에)	across from (~를 건너)
on the left (왼쪽에)	on the right (오른쪽에)	on(at) top of (~의 위쪽에)
at the bottom of (~의 밑에)	in the background (배경에)	

He is sitting **in front of** the TV. 그는 TV 앞에 앉아 있습니다.
There is life **at the bottom of** the ocean. 바다 바닥에도 생명체가 삽니다.

Step 2 연습문제

다음 괄호 안에서 맞는 표현을 골라 보세요.

1 스티브는 제 반대편에 앉았습니다.
 → Steve sat (next / across) from me.

2 ABC 몰 앞에 차를 주차했습니다.
 → I parked my car in (back / front) of ABC Mall.

3 중국회사들이 비즈니스계에서 최고 위치를 차지하고 있습니다.
 → Chinese companies are now on (top / peak) of the business world.

4 학교 앞에서는 속도를 줄여야 합니다.
 → You must slow down while driving (at front / in front) of schools.

5 저는 아버지 차를 운전했습니다.
 → I sat (back / behind) the steering wheel of my father's car.

 sit behind the steering wheel : (차를) 운전하다

6 저는 오른쪽으로 잡니다. → I sleep (at / on) my right side.

정답 ○ 1 across 2 front 3 top 4 in front 5 behind 6 on

Point 167 차례차례 내용 나열하기

Step 1 개념잡기

여러 가지 논거를 차례차례 제시할 때는 first(첫째), firstly(첫 번째로), second(둘째), secondly(두 번째로), last(마지막), lastly(마지막으로)와 같이 문장을 매끄럽게 연결하는 단어를 문미에 사용합니다.

First, lie on your back. **Second**, stand up. And **third**, lie on your right ride.
첫 번째 똑바로 누우세요. 두 번째 일어 서세요. 세 번째 오른쪽으로 돌아 누우세요.

문장 시작에 first of all(우선)나 to begin with(우선), 그 다음에는 next(그 다음에는), then(그러고 나서), after that(그 다음에)을 쓸 수도 있습니다.

First of all, wash your face. **Next**, get a facial.
우선 얼굴을 씻으세요. 다음에 팩을 하세요.

Step 2 연습문제

○ 다음 괄호 안에서 맞는 표현을 골라 보세요.

1 **우선** 애도를 표합니다.
→ (First of all / Finally), I would like to express my condolence.

2 왼쪽을 본 다음 오른쪽, **그 다음에** 다시 왼쪽을 보세요.
→ Look left, then right, (then / first) left again.

3 **마지막으로** 중요한 문제 한 가지 더 언급할 것이 있습니다.
→ (Finally / Last) — but not least — I would like to add one more thing.

4 **우선은** 신분증을 보여 주셔야 합니다.
→ You need to present a photo ID (first / firstly).

정답 1 First of all 2 then 3 Last 4 first

Point 168 덧붙일 내용에 쓰는 부사

Step 1 개념잡기

첨가할 내용이 있을 때 사용하는 in addition, moreover, besides, furthermore, on top of that은 '덧붙여', '게다가'의 의미로, 문장의 앞이나 중간에 들어가 글을 돋보이게 해 줍니다.

I have a lot of work to do. **Besides**, I haven't had lunch.
저는 할 일이 많습니다. 게다가 점심도 먹지 않았습니다.

비슷한 내용을 다시 풀어 설명할 때는 '비슷하게'라는 의미의 comparably, likewise, similarly를 쓰고, 앞의 내용과 반대되는 내용에는 '반대로'라는 의미의 however, in contrast, nevertheless, on the other hand 등을 사용합니다.

Step 2 연습문제

○ 다음 괄호 안에서 맞는 표현을 골라 보세요.

1 운동을 하면 건강이 좋아집니다. **게다가** 숙면을 취하게 해 줍니다.
    → Exercise can improve your health. (However / Moreover), it helps you to sleep better at night.

2 한국인들은 인사할 때 허리를 숙입니다. **반대로** 미국인들은 악수를 합니다.
    → Koreans bow to greet people. Americans, (moreover / in contrast), shake hands.

3 흡연은 장기를 손상시킵니다. 음주도 사람의 몸에 **비슷한** 영향을 끼칠 수 있습니다.
    → Smoking damages internal organs. Drinking may affect your body (similarly / moreover).

4 그 식당은 괜찮았**지만** 제 기대를 충족시키지는 못했습니다.
    → The restaurant was nice. (Moreover / However), it didn't meet my expectations.

정답 1 Moreover 2 in contrast 3 similarly 4 However

Point 169 인과관계에 쓰는 부사 표현

Step 1 개념잡기

인과관계를 나타낼 때 as a result(결과적으로), therefore(그래서), thus(이렇게 하여), consequently(그 결과)와 같은 부사/부사구를 쓰면 접속사 so와 같은 의미를 표현하면서 문장을 다채롭게 꾸며 줄 수 있습니다.

I didn't receive any education. **As a result**, I can't read or write. 저는 교육을 받지 않았습니다. 그 결과, 저는 읽지도 쓰지도 못합니다

문장을 마무리할 때는 after all(결국에는), in conclusion(결국에는), to conclude(결론적으로), to summarize(요컨대), in short (요컨대), to sum up(요컨대) 등으로 마무리할 수 있습니다.

Step 2 연습문제

○ 다음 괄호 안에서 맞는 표현을 골라 보세요.

1. 저는 그를 알아보지 못해서 인사를 안 했습니다.
   → I didn't recognize him; (therefore / however), I didn't greet him.

2. 요약하자면 그의 파티는 엄청난 성공을 거두었습니다.
   → (To sum it up / On top of that), his party was a great success.

3. 저는 시끄러운 이웃을 참을 수 없어서 이사를 했습니다.
   → I couldn't deal with my noisy neighbors and, (as a result / because of), I moved out.

4. 결론은 감세가 경제를 살리지는 못한다는 것입니다.
   → (In conclusion / In concluding), tax cuts won't stimulate the economy.

○ 정답 1 therefore 2 To sum it up 3 as a result 4 In conclusion

Review

다음 괄호 안에서 맞는 표현을 골라 보세요.

1 제 차는 **항상** 잘 작동이 됩니다.
   ➡ My car (always/hardly) works and runs well.
   hint 적절한 빈도부사를 사용합니다.

2 친구, 가족들이 **끊이지 않고** 저희 집을 방문합니다.
   ➡ Friends and family are (constantly/often) visiting me.
   hint 적절한 빈도부사를 사용합니다.

3 과일 주스에 설탕이 많이 들어있는 경우가 **많습니다**.
   ➡ Fruit juices are (often/seldom) high in sugar.
   hint 적절한 빈도부사를 사용합니다.

4 옆집 사람이 항상 저희 집 **앞에** 주차를 합니다.
   ➡ My neighbor always parks (in front of/across from) my house.
   hint in front of : ~의 앞에

5 **우선** 저는 성공의 정의를 내리고 싶습니다.
   ➡ (First of all/First), I would like to define what success means.

6 한국인들은 집에 들어오면 신발을 벗지만, 미국인들은 **반대로** 실내에서 신발을 신습니다.
   ➡ Koreans take their shoes off when entering a home; Americans, (on the other hand/after all), wear shoes indoors.
   hint on the other hand는 '반면에'라는 뜻입니다.

7 저는 숙제를 집으로 가지고 오지 않아**서** 못했습니다.
   ➡ I forgot to bring my homework home; (meanwhile/therefore) I couldn't do it.
   hint therefore는 '그래서'라는 뜻으로, 인과관계를 나타냅니다

모범 답안

1 always 2 constantly 3 often 4 in front of 5 First of all 6 on the other hand
6 therefore

Point 170 자신의 의견을 밝힐 때

Step 1 개념잡기

I think를 넣어 의견을 제시하면 자신의 생각을 부드럽게 표현할 수 있습니다. 다만 I think는 의견을 강하게 주장할 때는 사용하지 않습니다. 그 외에 agree(동의하다), suppose(추측하다), believe(주장하다) 등을 이용할 수 있습니다.

I think age matters in a relationship.
저는 연인 관계에서 나이가 중요하다고 생각합니다.

부정의 의견을 피력할 때는 that 이하의 종속절이 아닌 주절에 부정어를 넣습니다.
I don't think (that) this is a good idea.
이것이 좋은 의견이 아니라고 생각합니다

Step 2 연습문제

○ 다음 괄호 안에서 맞는 표현을 골라 보세요.

1 저는 조깅을 하면 수명이 연장된다고 **생각합니다**.
→ I (think / will think) jogging may add years to your life.

2 저는 길거리 흡연이 금지되어야한다는데 **동의합니다**.
→ I (agree / disagree) that smoking should be banned in the streets.

3 모든 사람이 두꺼운 코트를 입었기 때문에 바깥이 추울 것이라고 **추측합니다**.
→ I (suppose / agree) it's cold outside, because everybody is wearing a heavy coat.

4 저는 행복이 상대적인 것이라고 **생각합니다**.
→ I (think / will think) happiness is relative.

○ 정답 1 think 2 agree 3 suppose 4 think

언어 순화하기(PC)

Step 1 개념잡기

Politically Correctness(PC)는 인종, 문화, 장애 등으로 언어적 폭력의 대상이 되는 소수자들을 배려하기 위해 **차별적인 언어 사용을 피하고자** 하는 언어 순화 운동입니다.

> old → elderly, fired → laid off와 같이 모욕적으로 들릴 수 있는 말을 부드러운 단어로 바꿔주는 것도 PC입니다.

장애 및 노화	handicapped(장애인) → **disabled, physically challenged**	blind(시각 장애인) → **visually impaired**	old people(노인) → **senior citizen**
성별	chairman(의장) → **chairperson**	businessman(사업가) → **businessperson**	salesman(영업원) → **salesperson**
직업	fireman(소방관) → **firefighter**	policeman(경찰관) → **police officer**	stewardess(승무원) → **flight attendant**

Step 2 연습문제

○ 다음 괄호 안에서 맞는 표현을 골라 보세요.

1 **시각 장애인**들은 비행기에 안내견을 동반할 수 있습니다.
   → (Blind people / People with visual impairments) can bring a service dog on an airplane.

2 그녀는 성공한 **사업가**입니다.
   → She is a successful (businessman / business person).

3 정부는 **고령자**를 대상으로 한 복지 정책을 펼쳐야 합니다.
   → The government is responsible for the welfare of (old people / senior citizens).

정답 1 People with visual impairments 2 business person 3 senior citizens

172 의문사와 to부정사의 결합

Step 1 개념잡기

〈의문사+to부정사〉는 '~를 ~하게 하는 것'이란 의미로 동사의 목적어로 사용될 수 있습니다.

what to 동사원형	how to 동사원형	which to 동사원형
무엇을 ~하는 것	어떻게 ~을 하는 것	어느 것을 ~하는 것
where to 동사원형	when to 동사원형	who to 동사원형
어디로 ~을 하는 것	언제 ~을 하는 것	누구에게 ~을 하는 것

Step 2 연습문제

○ 다음 괄호 안에서 맞는 표현을 골라 보세요.

1 언제 멈춰야 할지 결정하는 것이 중요합니다.
 → Deciding (what / when) to stop is important.

2 저는 인맥 관리를 효율적으로 하는 방법을 모릅니다.
 → I don't know (what / how) to network effectively.

3 그는 어떤 것을 골라야 할지 내게 말해 주지 않았습니다.
 → He didn't tell me (where / which) to choose.

4 뭘 해야 할지 모르겠습니다.
 → I don't know (which / what) to do.

5 테니스 치는 법을 보여 주세요.
 → Please show me (how / what) to play tennis.

정답 ○ 1 when 2 how 3 which 4 what 5 how

173 약어 만들기와 풀이하기

Step 1 개념잡기

영어에서 약어는 각 단어의 앞글자만을 모아서 만듭니다.
International **M**onetary **F**und 국제통화기금 ➡ **IMF**

약어가 일반적으로 통용되는 단어가 아니라면 풀어 써 주는 것이 좋습니다.
ODA stands for official development assistance.
약어+stand for(be short for)+용어 풀이
ODA는 '공적 개발 원조'를 뜻합니다.

The abbreviation of official development assistance is
+ 용어풀이   +약어
ODA. '공적 개발 원조'의 약어는 ODA입니다.

Step 2 연습문제

○ 다음 괄호 안에서 맞는 표현을 골라 보세요.

1 EU는 유럽 연합의 약자입니다.   *abbreviation : 축약형, 약어*
  ➡ (EU / the European Union) is the abbreviation for (EU, the European Union).

2 IT는 정보 통신기술을 말합니다.   *stand for : ~을 의미하다*
  ➡ (IT / information technology) stands for (IT / information technology).

3 BF는 남자 친구의 약자입니다.
  ➡ (BF / Boy friend) is an abbreviated form of the word (BF, boy friend).

○ 정답 1 EU, the European Union 2 IT, information technology 3 BF, boy friend

Review

다음 괄호 안에서 맞는 표현을 골라 보세요.

1. DPRK는 조선 민주주의 인민 공화국을 **뜻합니다**.
   → DPRK (stand for / stands for) Demacratic People's Republic of Korea.

2. 자넷 옐런이 현재 연준 **의장**입니다.
   → Janet Yellen is currently the (chairman / chairperson) of the Federal Reserve.
   hint 언어에서의 성차별적인 요소를 배제하기 위해 chairman은 chairperson으로 씁니다.

3. 저는 여드름을 빨리 없애는 **법**을 압니다.
   → I know (how to / what to) get rid of pimples quickly.

4. 60살 이상인 사람은 **노인** 할인을 받을 수 있습니다.
   → Anyone over 60 can qualify for a (old person / senior) discount.
   hint 노인은 senior로 씁니다.

5. 저는 ABC 항공 **승무원**입니다.
   → I am a (stewardess / flight attendant) for ABC Air.
   hint stewardess의 올바른 표현은 flight attendant입니다.

6. 저는 모든 사람이 이 책을 적어도 한 번은 읽어 봐야 한다고 **제안합니다**.
   → I (suggest / oppose) that everybody read this book at least once.
   hint 제안의 뜻인 suggest가 나오면 that절은 should를 쓰지 않고도 '~해야 한다'는 의미를 가집니다.

7. 저는 학생들이 교복을 입어야 한다는 의견에 **동의합니다**.
   → I (agree on / agree with) the opinion that students should wear school uniforms.
   hint agree on은 뒤에 논쟁의 요지가, agree with는 뒤에 사람이나 의견이 나옵니다.

모범 답안

1 stands for   2 chairperson   3 how to   4 senior   5 flight attendant
6 suggest   7 agree with

Part 9

한국인이 혼동하는 영작 표현 바로 알기

- Point 174
- Point 175
- Point 176
- Point 177
- Point 178
- Point 179
- Point 180
- Point 181
- Point 182
- Point 183
- Point 184
- Point 185
- Point 186
- Point 187
- Point 188
- Point 189
- Point 190
- Point 191
- Point 192
- Point 193
- Point 194
- Point 195
- Point 196
- Point 197
- Point 198
- Point 199
- Point 200

Point 174 시간 표기하기

Step 1 개념잡기

시간을 나타낼 때는 시간과 분 사이에 콜론(:)을 넣고 뒤에 AM / A.M. / am / a.m.(오전), PM / P.M. / pm / p.m.(오후)을 붙입니다. 정각의 경우 콜론 뒤의 00을 생략할 수도 있으나, 격식을 차린 글의 경우에는 붙여 주는 것이 좋습니다.

8 AM = 8 A.M. = 8 am = 8 a.m. = 8:00 AM = 8:00 A.M. = 8:00 am = 8:00 a.m. 오전 8시

30분을 표현할 때는 half를 사용합니다.
I walk **half** an hour a day. 저는 하루에 30분 걷습니다.

Step 2 연습문제

다음 괄호 안에서 맞는 표현을 골라 보세요.

1. 저는 아침 5시에 일어났습니다.
   → I woke up at (5 a.m. / 5 p.m.).

2. 저는 내일 오전 12시에 병원 예약이 있습니다.
   → I have a doctor's appointment tomorrow at (noon / 12 a.m.).

   > 12:00 a.m.은 midnight(자정), 12:00 p.m.은 noon(정오)로 표기할 수 있습니다.

3. 그곳에 가는 데는 3시간 30분이 걸립니다.
   → It take (three-and-a-half / three-and-thirty minutes) hours to get there.

4. 수업이 9시 정각에 시작합니다.
   → My class starts at 9 (exactly / o'clock).

   > 시간 뒤에 sharp나 o'clock을 붙이면 정각이라는 뜻입니다.

5. 저는 자정까지 깨어있었습니다.
   → I stayed up until (midnight / noon).

정답: 1 5 a.m. 2 noon 3 three-and-a-half 4 o'clock 5 midnight

Point 175 숫자 표기하기

Step 1 개념잡기

수를 표기할 때 1, 2, 3의 아라비아 숫자를 쓰느냐 one, two, three 등의 문자를 쓰느냐에 대해서는 절대적인 규칙이 없습니다. 통신사 AP에서는 1부터 9까지는 문자로, 그 이상의 수는 숫자로 표기할 것을 권장하나 다른 언론사에서는 1부터 99까지는 문자로, 그 이상의 수를 숫자로 표기하기도 합니다.

There were five people waiting for a bus.
5명의 사람이 버스를 기다리고 있었습니다.

문장이 숫자로 시작되는 경우에는 숫자를 문자로 풀어 줍니다.

Fifty-five people were arrested.
55명의 사람들이 체포되었습니다.

> 두 자리 숫자를 문자로 쓸 때 십의 자리와 일의 자리 숫자 가운데 하이픈(-)을 씁니다.

Step 2 연습문제

○ 다음 괄호 안에서 맞는 표현을 골라 보세요.

1 저는 시험에서 100점을 받았습니다.
→ I got (100 / a 100) on my exam.

> 점수의 앞에는 관사 a를 붙여요.

2 한 경찰관이 사람 5명과 개 2마리의 생명을 구했습니다.
→ A police officer saved the lives of five people and (2 / two) dogs.

3 저는 연봉이 2백만 달러입니다.
→ I make (two million dollars / two millions dollars) a year.

> million(백 만)과 같은 숫자의 단위는 단수형으로 사용합니다.

4 3명의 십대 소녀들이 할로윈 의상을 입고 있었습니다.
→ (3, Three) teenage girls were wearing Halloween costumes.

정답 1 a 100 2 two 3 two million dollars 4 Three

Point 176 날짜 표기하기

Step 1 개념잡기

날짜를 표기할 때 미국에서는 〈요일-월-일-연도〉, 영국에서는 〈요일-일-월-연도〉의 순서를 따릅니다.

Friday, May 20, 2014 [미국식]   Friday, 20 May, 2014 [영국식]

연대를 나타낼 때는 연대의 뒤에 s를 붙입니다. the 1990s 또는 the '90s은 1990년 1월 1일부터 1999년 12월 31일까지의 기간을 가리킵니다.

Step 2 연습문제

○ 다음 괄호 안에서 맞는 표현을 골라 보세요.

1 콘서트는 **8월 31일 수요일** 저녁 7시에 열립니다.
   → The concert will be held on (Wednesday, August 31 / August 31, Wednesday) at 7 p.m.

2 그 동영상은 **2013년 7월**에만 2백만 조회수를 기록했습니다.
   → The video clip got two million hits in (July 2013 / 2013 July) alone.

3 저는 **2000년 1월 1일**에 태어났습니다.
   → I was born on (January 1, 2000 / 2000 January 1)

4 저희 아버지는 **50년대 후반**에 태어나셨습니다.
   → My father was born in the (late '50s / late 50's).

5 컨트리 음악이 **80년대**에 인기를 얻었습니다.
   → Country music became popular in the ('80s / 1980).

○ 정답 1 Wednesday, August 31 2 July 2013 3 January 1, 2000 4 late '50s 5 '80s

서수 표기하기

서열이나 순서를 나타낼 때는 first, second, third(첫째, 둘째, 셋째) 등의 서수를 씁니다.

Kim became the **first** Korean to win the US Open.
김은 US 오픈에서 우승한 최초의 한국인이 되었습니다.

서수는 숫자에 th를 붙여 표기할 수도 있습니다. 단, 첫 번째와 두 번째는 1st (first), 2nd(second), 3rd(third)로 적습니다.

My **10th** wedding anniversary is around the corner.
저의 10번째 결혼기념일이 곧 다가옵니다.

O 다음 괄호 안에서 맞는 표현을 골라 보세요.

1 닭이 달걀보다 **먼저**입니다.
→ The chicken came (one / first), not the egg.

2 저의 집은 **4층**입니다.
→ My house is located on (four / the fourth) floor.

3 **21세기의** 학교는 환경 친화적이어야 합니다.
→ A (21 / 21st) century school should go green.

4 저는 아침에 일어나면 제일 **먼저** 물 한 컵을 마십니다.
→ I drink water (one / first) thing in the morning.

5 미국인들은 독립기념일(7월 **4일**)을 불꽃놀이로 자축합니다.
→ Americans celebrate the (Four / Fourth) of July with fireworks.

6 저는 저 자신을 사랑하기 때문에 저를 항상 **우선** 순위에 둡니다.
→ I love myself and always put myself (one / first).

○ 정답 1 first 2 the fourth 3 21st 4 first 5 Fourth 6 first

Point 178 대문자 제대로 쓰기

Step 1 개념잡기

문장에서 제일 처음 위치한 단어의 첫 글자는 대문자로 표기합니다.
He didn't call me last night. 그는 어젯밤에 제게 전화하지 않았습니다.

세상에 하나밖에 없는 장소, 물건, 사람의 이름 첫 글자는 대문자로 표기합니다.
the **C**ivil **W**ar(남북 전쟁), the **N**orth **P**ole(북극), **J**ohn **D**oe(사람 이름), **M**icrosoft(기업명)

> 영화나 책의 제목은 각 단어의 첫 글자를 대문자 처리합니다. 단, 이 경우에도 관사와 전치사의 첫 글자는 소문자 처리합니다.

월, 요일, 공휴일의 첫 글자는 대문자로 표기합니다.
Monday, **J**anuary 1, **N**ew **Y**ear's **D**ay

Step 2 연습문제

○ 다음 괄호 안에서 맞는 표현을 골라 보세요.

1 사람들은 발렌타인 데이에 꽃과 초콜렛을 서로 주고받습니다.
→ People exchange flowers and chocolates on (valentine's day / Valentine's Day).

2 저는 빅 컴퍼니에 재직 중인 새라 킴입니다.
→ My name is (sarah kim / Sarah Kim) with (big company / Big Company).

3 잭 스미스가 부른 러브가 이번 주 빌보드 차트 1위를 기록했습니다.
→ "Love" by Jack Smith tops the (billboard 100 / Billboard 100) this week.

4 크리스마스가 다가오면 사람들은 '메리 크리스마스'라고 인사합니다.
→ When Christmas is approaching, people use the greeting "(merry / Merry) Christmas."

○ 정답 1 Valentine's Day 2 Sarah Kim, Big Company 3 Billboard 100 4 Merry

Review

다음 괄호 안에서 맞는 표현을 골라 보세요.

1 이번이 한국에서 제가 맞는 **첫 번째** 겨울입니다.
→ It is my (first / one) winter in Korea.
> hint 첫 번째, 두 번째는 first, second와 같은 서수를 씁니다.

2 지금은 오전 **4시 30분**입니다.
→ It's (half past four / half four thirty minutes) a.m.
> hint past는 '~가 지난'이란 뜻이고 half는 30분입니다.

3 저는 **인터넷** 서핑을 좋아합니다.
→ I like surfing the (Internet / internet).
> hint Internet의 앞글자는 항상 대문자로 씁니다.

4 시카고 방문은 이번이 **두 번째**입니다.
→ This is my (second / second time) visiting Chicago.
> hint 첫 번째, 두 번째는 first, second와 같은 서수를 씁니다.

5 제 생일은 **5월 1일**입니다.
→ My birthday is on (May 1 / 1 May).

6 저와 제 남편은 **10주년** 결혼기념일을 축하했습니다.
→ My husband and I celebrated our (10th / 10) wedding anniversary.
> hint 첫 번째, 두 번째는 first, second와 같은 서수를 씁니다.

7 저는 **처음으로** 양고기를 먹어봤습니다.
→ I tried lamb for (first time / the first time).

8 김치는 **한국인**들이 제일 좋아하는 음식입니다.
→ Kimchi tops the list of (koreans' / Koreans') favorite food.

모범 답안

1 first 2 half past four 3 Internet 4 second time 5 May 1 6 10th
7 the first time 8 Koreans'

even though와 even if

even if, even though, even when은 **결과를 예측하지 못했음을 강조할 때** 사용합니다.

Even though I tried hard, things went wrong.
현재 상황에도 불구하고
노력을 했음에도 불구하고 일이 잘 되지 않았습니다.

Even if I tried hard, things would go wrong.
일어난 적 없는 사건이나 가능성을 상상하며 '만약 ~하게 되더라도'
노력을 하더라도 일이 잘 안될 것입니다.

Even when I tried hard, things went wrong.
가끔씩 일어나는 사건이나 상황에서조차도
노력을 할 때조차도 일이 잘 안 됐습니다.

o 다음 괄호 안에서 맞는 표현을 골라 보세요.

1 그는 **비록** 해고당했**지만** 여전히 긍정적입니다.
→ (Even though / Even if) he got laid off, he still stays positive.

2 우리는 비가 왔**지만** 산책을 나갔습니다.
→ We went for a walk (even though / even if) it was raining.

3 돈이 충분히 있**더라도** 저는 은퇴하지 않을 것입니다.
→ (Even though / Even if) I had enough money, I wouldn't retire.

○ 정답 1 Even though 2 even though 3 Even if

Point 180 whether와 if

Step 1 개념잡기

whether가 '~인지 아닌지'의 뜻일 때는 if와 구분 없이 사용됩니다.

I don't know **whether** we'll get any rain tomorrow. (=if)
내일 비가 올지 잘 모르겠어요.

그러나 whether는 두 가지의 선택 사항 중 둘 다 가능하다는 것을 나타낼 때 '~하든 아니든'의 뜻으로 주로 사용합니다.

You should mind your behavior **whether** you are around other people.   ≠ if, whether가 '~하든 아니든'의 의미일 때는 if와 교체불가
혼자 있든 아니든 행동을 조심해야 합니다.

Step 2 연습문제

○ 다음 괄호 안에서 맞는 표현을 골라 보세요.

1 플라스틱은 당신이 **좋든 싫든** 도처에 있습니다.
   → Plastic is everywhere (whether / if) you like it or not.

2 살을 빼는 것은 식습관에 달려있습니다.
   → (Whether / If) you lose weight depends on your eating habits.

3 추가 비용을 지불할 것**인지 아닌지**를 살펴 봐야합니다.
   → You should look into (whether / if) you are making extra payments.

4 그 취업 제안 건을 받아들**일지 말지** 여부를 결정해야 합니다.
   → I have to decide (whether / if) or not to accept the job offer.

5 취업은 여러 가지 변수가 있습니다.
   → (Whether / If) or not you get hired depends on a lot of things.

○ 정답 1 whether 2 Whether 3 둘 다 가능 4 whether 5 Whether

Point 181 until과 by

Step 1 개념잡기

'~까지'라는 뜻의 until은 특정 시간까지 행동, 사건이 지속되고 있다는 의미로, 행위가 지속되는 의미의 동사 work, use, stay, live, sleep, drive 등과 함께 사용합니다.

I am planning to work **until** I die. 나는 죽을 때까지 일할 계획입니다.

우리말로는 같은 '~까지'라는 뜻이지만 by는 특정 시간이 되면 종료된다는 의미이므로 arrive, leave, finish 등의 동사와 함께 사용합니다.

You have to finish the project **by** May 1.
당신은 5월 1일까지 프로젝트를 마쳐야 합니다.

그런데 by를 쓴 문장이 부정문이 되면 until의 사용이 가능해집니다.

You don't have to finish the project **until** May 1.
행동을 정해진 날까지 지속할 수는 있으나, 그날이 되면 끝내야 한다는 의미
5월 1일까지 프로젝트를 마칠 필요는 없습니다.

Step 2 연습문제

○ 다음 괄호 안에서 맞는 표현을 골라 보세요.

1 저는 20살이 될 때**까지** 프랑스에 살았습니다.
  → I had lived in France (until / by) I turned 20.

2 몸이 좋아질 때**까지** 집에 계셔야 합니다.
  → You have to stay home (until / by) you get better.

3 금요일**까지** 고지서를 처리해야 합니다.
  → I have to pay my bill (until / by) Friday.

4 다음 달**까지** 기다릴 수 없습니다.
  → I can't wait (until / by) next month.

5 우리 파티는 자정**까지** 계속되었습니다.
  → Our party went on (until / by) midnight.

정답 1 until 2 until 3 by 4 until 5 until

Point 182 | for와 during

Step 1 개념잡기

for는 어떤 일이 일어나는 구체적인 시간의 길이를, during은 사건이 일어난 당시를 표현하는 전치사입니다.

A How long have you worked here? 여기서 몇 년이나 일하셨나요?
B I have been working here **for** three years. 여기서 3년을 일했습니다.
　　　　　　　　　　　　　how long(기간을 묻는 질문)에 대한 대답: for+시간

A When did you meet your wife? 부인은 언제 만나게 되셨나요?
B I met her **during** summer break. 여름 방학 때 만났어요.
　　　　When(언제)에 대한 대답: during+사건, 기간

Step 2 연습문제

 다음 괄호 안에서 맞는 표현을 골라 보세요.

1 저는 프리젠테이션을 할 때 긴장이 되었습니다.
　→ I got nervous (for / during) the presentation.

2 이곳은 겨울에 눈이 많이 옵니다.
　→ We have a lot of snow (for / during) the winter.

3 저는 이곳에 2년째 살고 있습니다.
　→ I have been living here (for / during) two years.

4 저는 대학을 다닐 때 아르바이트를 했습니다.
　→ I worked part-time (for / during) college.

5 앞으로 2년간 환율은 1유로=1.2달러 수준이 될 것입니다.
　→ One euro will be worth $1.2 (for / during) the next two years.

○ 정답 1 during 2 during 3 for 4 during 5 for

183 | before와 ago

Step 1 개념잡기

ago는 현재 시점을 기준으로 시간이 얼마나 지났는지를 표현할 때 씁니다. 이미 끝난 행동이 언제 발생했는지를 가리키므로 주로 **과거형 동사와 함께 사용**합니다.
I met her two months **ago**. 저는 2달 전에 그녀를 만났습니다.

before는 **과거나 미래 시점을 기준으로 문장에서 언급된 사건보다 시간상으로 앞에 위치하는 사건**에 사용합니다. 현재형, 과거형, 완료형과 함께 씁니다.
I started to pack my items two months **before** moving.
이사 두 달 전부터 짐을 쌌습니다.

Step 2 연습문제

다음 괄호 안에서 맞는 표현을 골라 보세요.

1 존은 10년 **전에** 죽었습니다.
   → John died 10 years (ago / before).

2 2차 세계대전은 70년 **전에** 발발했습니다.
   → World War II happened 70 years (ago / before).

3 우리는 **전에** 같이 일했던 적이 있습니다.
   → We have been working together (ago / before).

4 비행기가 30분 **전에** 도착했습니다.
   → The plane arrived 30 minutes (ago / before).

5 제가 **예전에** 이곳에 와 봤던 것처럼 느껴집니다.
   → I feel like I have been here (ago / before).

정답 1 ago 2 ago 3 before 4 ago 5 before

Review

다음 괄호 안에서 맞는 표현을 골라 보세요.

1. 제 계획에 문제가 있다는 것은 알**지만** 저는 장애물을 넘기 위해 최선을 다할 것입니다.
   → (Even though / Even if) I know there are problems with my plan, I will try my best to overcome any obstacles.
   hint 현재 일어나는 상황에 반대되는 계획을 세울 때 even though를 씁니다.

2. 저는 3일 **전에** 회사에 한 시간 지각했습니다.
   → I was an hour late for work three days (before / ago).

3. 저는 지난 2년 **동안** 하루에 한 끼를 먹었습니다.
   → I have eaten one meal a day (for / during) the past two years.
   hint 'for+숫자', 'during+행사, 이벤트'를 씁니다.

4. 저는 휴가 기간 **내내** 이메일을 확인했습니다.
   → I checked my email (for / during) vacation.
   hint 'for+숫자', 'during+행사, 이벤트'를 씁니다.

5. 저는 잠자리에 들기 **전에** 운동을 합니다.
   → I exercise (before / ago) going to bed.

6. 저는 제임스를 만나기 전**까지** 저 스스로를 똑똑하다고 생각했었습니다.
   → I thought I was smart (until / by) I met James.

7. 저는 보통 어두워지기 **전에** 집에 옵니다.
   → I usually get home (before / ago) dark.

8. 저는 엄마가 오시기 30분 **전에** 집에 도착했습니다.
   → I arrived home 30 minutes (before / ago) my mom did.
   hint 언급된 사건보다 시간상으로 먼저 일어난 사건에는 before을 씁니다.

모범 답안

1 Even though   2 ago   3 for   4 during   5 before   6 until   7 before   7 before

Point 184 | hope와 wish

Step 1 개념잡기

wish는 비현실적이며, 가능성이 없는 일에 대한 상상을 할 때 씁니다. 가정법이므로 that절에는 과거형 동사나 과거완료를 사용합니다.

I **wish** I was able to have a baby.
아기가 있으면 좋겠어요. [아기를 가지기 힘든 상황]

반면 hope는 현실적이며, 가능성이 충분한 일을 바랄 때 씁니다.

I **hope** to have a baby.
저는 아기를 가지고 싶어요. [아기를 가질 수 있다고 낙관하는 상황]

> wish는 "I wish you a Happy New Year.(새해 복 많이 받으세요.)"와 같이 인사를 하거나 호의의 말을 건넬 때 쓸 수도 있습니다.

Step 2 연습문제

○ 다음 괄호 안에서 맞는 표현을 골라 보세요.

1 앞으로의 노력에 좋은 결실 맺길 **바랍니다**.
   → I (wish / hope) you all the best in your future endeavors.

2 제가 예뻤으면 **좋겠습니다**.
   → I (wish / hope) I was beautiful.

3 당신이 이곳에 있었으면 **좋겠습니다**.
   → I (wish / hope) you were here.

4 당신이 이곳으로 와서 저를 만났으면 **좋겠습니다**.
   → I (wish / hope) you can come to see me.

5 저는 세계 평화를 **바랍니다**.
   → I (wish / hope) for world peace.

6 남북한이 통일이 되었으면 **좋겠습니다**.
   → I (wish / hope) the two Koreas can reunite.

○ 정답 1 wish 2 wish 3 wish 4 hope 5 hope 6 hope

Point 185 | say, tell, speak

Step 1 개념잡기

say는 뒤에 to부정사나 that절이 따라와 구체적인 정보를 전달하지만 누구에게 하는 말인지 나타내지 않습니다. 반면 tell은 뒤에 사람을 목적어로 수반하여 말을 전달 받은 상대가 확실합니다. 또한 명령이나 요청을 할 때 사용됩니다. speak은 주로 말하는 사람이 발화하는 행위에 초점을 맞춰서 표현하는 말입니다.

Sharon **said** she wanted to be an actress.
섀론은 배우가 되고 싶었다고 말했습니다.

He **told** me to stop eating. 그는 내게 먹지 말라고 말했습니다.

Step 2 연습문제

○ 다음 괄호 안에서 맞는 표현을 골라 보세요.

1 잭은 스페인 어를 능숙하게 합니다.
   → Jack (speaks / talks) Spanish fluently.

2 동물도 사람처럼 말할 수 있습니다.
   → Animals can (talk / tell) like humans.

3 일본인은 모국어로 일본어를 사용합니다.
   → Japanese (say / speak) Japanese as their first language.

4 우리 부모님이 제게 독립하라고 말씀하셨습니다.
   → My parents (said / told) me to move out.

5 저는 대중 앞에서 편하게 말합니다.
   → I can (tell / speak) comfortably in public.

6 15개월 된 저희 아기는 말을 못합니다.
   → My baby is 15 months old, and can't (talk / speak).

정답: 1 speaks 2 talk 3 speak 4 told 5 speak 7 talk

186 watch, see, look

Step 1 개념잡기

나의 의사와 상관 없이 눈에 어떤 것이 보일 때, 대중 공연이나 영화 등을 보러갈 때는 see를 사용합니다.
I **saw** a movie yesterday. 어제 영화를 봤습니다.

look은 보려고 하는 의도를 가지고 주의를 기울여서 볼 때 사용합니다.
Tim **looked** up in the sky. 팀은 고개를 들어 하늘을 보았습니다.

watch는 look보다 더 많은 노력과 의도를 가지고 보는 경우, 즉 TV나 영화를 볼 때와 같은 경우에 주로 씁니다.
I **watch** movies online. 저는 인터넷으로 영화를 봅니다.

Step 2 연습문제

다음 괄호 안에서 맞는 표현을 골라 보세요.

1 저는 눈을 떠 젠이 해변에 있는 것을 **보았습니다**.
   → I opened my eyes and (saw / watched) Jen on the beach.

2 당신은 주말에 TV로 영화를 **볼** 수 있습니다.
   → You can (watch / look) movies on TV over the weekend.

3 저는 제 옛 연인이 다른 남자와 있는 것을 **보았습니다**.
   → I (looked / saw) my ex with another guy.

4 제가 한 아름다운 여성을 쳐다보고 있었을 때 그녀도 저를 **봤습니다**(눈치챘습니다).
   → A beautiful girl (saw / watched) me staring at her.

정답   1 saw   2 watch   3 saw   4 saw

Point 187 rise와 raise

Step 1 개념잡기

raise는 목적어가 필요한 타동사로, '(외부의 도움으로) 올리다', '올라가다'라는 뜻입니다.

I **raised** my hand to get attention. 관심을 얻기 위해 손을 들었습니다.

rise는 목적어가 필요 없는 자동사로, '(스스로의 힘으로) 올라가다'라는 뜻입니다.

Hot air **rises**. 뜨거운 공기가 올라갑니다.

참고 〈raise와 rise의 과거시제 및 과거 분사형〉: raise-raised-raised | rise-rose-risen

Step 2 연습문제

○ 다음 괄호 안에서 맞는 표현을 골라 보세요.

1 공교육에 대한 학부모들의 염려가 **높아졌습니다**.
   → Parents (rose / raised) concerns about public education.

2 저는 권리를 찾기 위해 목소리를 **높였습니다**.
   → I (rose / raised) my voice to claim my right.

3 헬륨 가스를 넣은 풍선은 하늘로 **올라갑니다**.
   → The helium balloon (rises / raises) in the air.

4 공해에 대한 대중들의 인식을 **고양해야** 할 필요성이 있습니다.
   → There is a need to (rise / raise) public awareness about air pollution.

정답: 1 raised 2 raised 3 rises 4 raise

188 | lay와 lie

Step 1 개념잡기

lay는 '(외부의 힘이 들어가서) 놓다', '두다', '(알을) 낳다'라는 뜻으로, 뒤에 목적어를 필요로 합니다.
I **laid** my coat on the bed. 저는 침대에 코트를 놓았습니다.
A hen **lays** eggs every day. 암탉은 매일 알을 낳습니다.

lie는 '(스스로 힘으로) 눕다', '놓이다', '거짓말하다'라는 뜻으로, 뒤에 목적어를 필요로 하지 않습니다.
When I feel tired, I **lie** down on the sofa. 피곤하면 저는 소파에 눕습니다.
I **lied** about my age. 저는 나이를 속였습니다.

Step 2 연습문제

다음 괄호 안에서 맞는 표현을 골라 보세요.

1 행복은 작은 것에 있습니다.
   → Happiness (lies / lays) in small things.

2 저는 누워서 쉬었습니다. → I (lie / lay) down and relaxed.

3 아기를 낮잠 재우려고 눕혔습니다.
   → I (lied / laid) my baby down for a nap.

4 식사 후에 바로 누우면 안 됩니다.
   → You should not (lie / lay) down after eating.

5 저는 이력서에 학점을 거짓 기재했습니다.
   → I (lied / laid) on my job application about my GPA.

정답 1 lies 2 lay 3 laid 4 lie 5 lied

189 overlook, neglect, ignore

Step 1 개념잡기

overlook은 실수나 사고를 의도적으로 무시하거나 인정하지 않을 때 씁니다.
We **overlook** our mistakes. 우리는 스스로의 잘못은 눈감아 줍니다.

ignore는 말을 못들은 척하거나 상대방을 투명인간 취급할 때 씁니다.
I **ignore** people I don't like. 저는 저를 좋아하지 않는 사람들은 무시합니다.

neglect는 해야 하는 것을 하지 않을 때 사용합니다.
You shouldn't **neglect** your responsibilities.
당신은 자신의 책임을 도외시해서는 안 됩니다.

Step 2 연습문제

다음 괄호 안에서 맞는 표현을 골라 보세요.

1 그는 직무**태만** 죄가 있습니다.
→ He was guilty of (neglect / overlook) of duty.

2 사람들이 저를 **무시할** 때 가슴이 아픕니다.
→ It hurts when people (overlook / ignore) me.

3 저는 교육의 중요성을 **간과했습니다**.
→ I (ignored / overlooked) the importance of education.

4 자주 저를 **무시하는** 친구가 있습니다.
→ I have a friend who often (overlooks / ignores) me.

정답 1 neglect 2 ignore 3 overlooked 4 ignores

Review

다음 괄호 안에서 맞는 표현을 골라 보세요.

1. 모든 사람이 행복하면 **좋겠습니다**.
   → I (wish / hope) everybody can be happy.

2. 그는 5개 국어를 **합니다**.
   → He (speaks / tells) five different languages.
   hint 언어를 구사하는 능력은 speak로 표현합니다.

3. 저는 꿈에서 제 자신을 **보았습니다**.
   → I (saw / looked) myself in my dream.
   hint 우연히 본 것은 see로 표현합니다.

4. 저는 제 잔을 **들어올렸습니다**.
   → I (raised / rose) my glass.
   hint 물건을 들어 올린 것은 raise로, 외부의 도움 없이 스스로 올라가는 것은 rise로 표현합니다.

5. 저는 태극기를 높이 **올렸습니다**.
   → I (raised / rose) the Korean flag high.
   hint 물건을 들어 올린 것은 raise로, 외부의 도움 없이 스스로 올라가는 것은 rise로 표현합니다.

6. 저는 이력서를 **허위로** 작성했습니다.
   → I (lied / laid) on my resume.

7. 그녀는 자신이 좋아하지 않는 사람은 **무시합니다**.
   → She (ignores / neglected) people she doesn't like.

8. 저는 스마트폰으로 TV를 **봅니다**. → I (see / watch) TV on my smartphone.

모범 답안

1 hope 2 speaks 3 saw 4 raised 5 raised 6 lied 7 ignores 8 watch

Point 190 : few와 little

Step 1 개념잡기

a few는 절대적인 수량은 적지만 만족스러운 정도는 된다는 의미로, 셀 수 있는 명사의 복수형 앞에 사용합니다. a little 역시 많지 않지만 충분한 양인 경우 셀 수 없는 명사 앞에 사용합니다. 이때 명사에는 복수형인 -s/-es를 붙일 수 없습니다.

He has **a few** friends. 그는 친구 몇 명이 있습니다.

few와 little은 는 수량이 거의 없다는 부정적인 뉘앙스로, few는 셀 수 있는 명사 앞에, little은 셀 수 없는 명사 앞에 사용합니다. 가벼운 글이나 일상회화체에서는 not many, not much를 대신 씁니다.

Step 2 연습문제

○ 다음 괄호 안에서 맞는 표현을 골라 보세요.

1 상황을 반전시키는데 남아 있는 시간이 **거의 없습니다**.
→ There is only (few / little) time left to turn things around.

2 말하기 전에 **몇** 초만 생각을 할 필요가 있습니다.
→ You need to take (a few / a little) seconds to think before talking.

3 그는 돈이 **약간 있습니다**.
→ He has (a few / a little) money.

4 그는 친구가 **거의 없습니다**.
→ He has (few / a few) friends.

5 **조금** 아는 것은 위험합니다.
→ (A few / A little) knowledge is a dangerous thing.

정답 1 little 2 a few 3 a little 4 few 5 A little

191 so와 too

Step 1 개념잡기

so는 '매우'라는 뜻의 부사 very와 비슷한 의미이지만 very에 비해 정도를 더 과장해서 표현하는 뉘앙스가 있습니다.

He runs so fast. 그는 정말 빠릅니다.

too는 '필요 이상으로 많은', '지나칠 정도인'의 부정적인 의미를 가지고 있으며, 형용사나 부사 앞에서 사용됩니다. way, far, much 뒤에 too를 붙이면 강조의 의미를 더할 수 있습니다.

The disease is spreading too quickly. 그 병이 너무 빨리 번지고 있습니다.

Step 2 연습문제

○ 다음 괄호 안에서 맞는 표현을 골라 보세요.

1 여름이 너무 빨리 갔습니다.
   → Summer has gone (too / so) quickly.

2 그는 너무 살이 쪘습니다. → He got (so / too) fat.

3 저는 일을 너무 많이 하고 잠을 너무 적게 잡니다.
   → I have (to / too) much work and get too little sleep.

4 잭은 친구가 참 많습니다. → Jack has (so / too) many friends.

5 그 쇼는 너무 빨리 끝났습니다.
   → The show finished way (so / too) early.

6 시간이 정말 빨리 갑니다. → Time flies (so / too) fast.

○ 정답 1 too 2 so 3 too 4 so 5 too 6 so

Point 192 much, many, a lot of

Step 1 개념잡기

수량이 많음을 강조할 때는 many, much, a lot of(lots of)를 사용합니다. many는 셀 수 있는 명사의 복수형 앞에 사용하며, 같은 뜻인 a lot of(lots of)는 공식 문서에서 선호됩니다.

She has **many** friends. 그녀는 친구가 많습니다. (= a lot of)

much는 셀 수 없는 명사의 단수형 앞에 사용합니다. a lot of(lots of) 역시 much를 대체해서 쓸 수 있으나 긍정문에서는 주로 much 대신 a lot of(lots of)를 사용합니다.

I have **a lot of** money. (≠ much) 저는 돈이 많습니다.
How **much** money do you make a year? 당신은 일 년에 얼마를 법니까?

Step 2 연습문제

○ 다음 괄호 안에서 맞는 표현을 골라 보세요.

1 많은 사람들이 제 인생에 긍정적으로 영향을 주었습니다.
→ (Much / Many) people have influenced my life positively.

2 그녀는 학교에 진한 화장을 하고 갑니다.
→ She wears (a lot of / many) makeup to go to school.

3 설탕을 너무 많이 먹으면 당뇨병 위험이 높아집니다.
→ Eating too (much / many) sugar increases the risk of diabetes.

4 많은 사람들이 제가 교사가 되기로 결심한 이유에 대해 물어봅니다.
→ (A lot of / Much) people have asked me why I decided to become a teacher.

정답 1 Many 2 a lot of 3 much 4 A lot of

193 most, most of, almost

most와 most of는 '대부분', '대개'의 뜻으로, 명사 앞에 위치합니다.
Most students take the SAT more than once.
대부분의 학생들은 SAT(대학입학시험)을 한 번 이상 칩니다.

almost는 우리말로는 '거의'라는 의미인데, '~할 뻔했으나 간발의 차이로 하지 않았다'라는 뜻입니다.
I **almost** died from cancer. 저는 암으로 거의 죽을 뻔했습니다.

○ 다음 괄호 안에서 맞는 표현을 골라 보세요.

1 제 친구들 거의 대부분이 결혼했습니다.
   → (Almost / Most) all of my friends are married.

2 대부분의 한국인들은 한국인임을 자랑스러워합니다.
   → (Most / Almost) Koreans are very proud of their nationality.

3 저는 운전하다 거의 사람을 칠 뻔 했습니다.
   → I (most / almost) hit someone with my car.

4 저는 음악이라면 거의 다 좋아합니다.
   → I like (most / almost) everything when it comes to music.

5 대부분의 여자들은 결혼 후에도 일을 하고 싶어합니다.
   → (Most / Almost) women want to work during marriage.

6 저는 거의 스마트폰 중독입니다.
   → I am (most / almost) addicted to my smartphone.

○ 정답 1 Almost 2 Most 3 almost 4 almost 5 Most 6 almost

194 another와 other

another는 '또 하나의', '추가적인', '다른'이라는 의미이며, 뒤에는 명사의 단수형을 사용합니다. other는 '추가적인', '다른'의 의미로 복수명사와 함께 사용합니다.

I had **another** cup of coffee. 저는 커피 한 잔을 더 마셨습니다.

Many **other** countries have joined the WTO.
다른 많은 국가들이 WTO에 가입했습니다.

〈other+복수 명사〉는 가리키는 대상이 명확한 경우 others로 바꿀 수 있습니다.

You must learn to live with **others**.
다른 사람과 어울려 살아가는 법을 배워야 합니다. other people(다른 사람)이라는 뜻이 명확하므로 others로 대체

○ 다음 괄호 안에서 맞는 표현을 골라 보세요.

1 제 학생들은 예의바르지만 **다른** 학생들은 버릇이 없습니다.
 → My students are polite, but (the other / others) are spoiled.

2 저는 회사를 상대로 소송을 한 번 **더** 하겠습니다.
 → I am going to file (another / other) lawsuit against my company.

3 저는 **다른** 사람의 물건을 판매해서 돈을 법니다.
 → I make money by selling (another / other) people's products.

4 저는 커피를 한 잔 **더** 마셨습니다.
 → I had (another / other) cup of coffee.

정답 1 others 2 another 3 other 4 another

Point 195 | the other와 others

 Step 1 개념잡기

설명하는 대상이 2개 이상일 때는 one, another, the other과 같은 대명사를 사용합니다. 여기서의 the other는 '마지막 남은 하나'를 설명할 때 씁니다.

I have two friends. **One** is a Korean, and **the other** is a Chinese. 저는 친구가 둘 있는데, 하나는 한국인, 다른 하나는 중국인입니다.
(두 개 중 하나와 또 다른 것)

I have three friends. **One** is a Korean. **Another** is a Chinese and **the other** is a Japanese.
(셋 중 하나) (다른 하나) (마지막 하나)
저는 친구가 셋 있는데, 하나는 한국인, 다른 하나는 중국인, 마지막 한 명은 일본인입니다.

 Step 2 연습문제

○ 다음 괄호 안에서 맞는 표현을 골라 보세요.

1 저는 집이 두 채가 있는데 하나는 서울에, **다른 하나**는 부산에 있습니다.
→ I have two houses. One is in Seoul, and (the other / another) is in Busan.

2 첫 번째 문제는 쉬웠지만 **나머지는** 어려웠습니다.
→ The first question was easy, but the (other / others) were difficult.

3 저는 친구가 셋 있는데 하나는 한국인이고 **나머지**는 모두 중국인입니다.
→ I have three friends. One is a Korean, and (the other / another) two are Chinese.

4 저는 아들이 셋 있는데 한 명은 대학생이고 **나머지** 둘은 고등학생입니다.
→ I have three sons. One is a college students, and the (other / others) two are high schoolers.

정답 1 the other 2 others 3 the other 4 other

196 somebody와 anybody

Step 1 개념잡기

someone(somebody, something)은 '어떤 사람'이라는 의미로, 대상을 정확히 알 수 없을 때 사용합니다. 단, 문장이 부정문이거나 의문문일 때는 anyone (anybody, anything)를 사용합니다.

Somebody called you. 누군가로부터 전화왔습니다.
Has **anybody** called me? 누가 제게 전화했었나요?

형용사는 보통 명사 앞에서 수식하지만, some-, any-가 붙은 단어는 명사 뒤에서 꾸밉니다.

I try to think of **something** good. 좋은 것을 생각하려고 노력 중입니다.

Step 2 연습문제

○ 다음 괄호 안에서 맞는 표현을 골라 보세요.

1 중요한 이야기가 있습니다.
   → I have (something important / important something) to talk about.

2 저는 아무것도 들을 수 없었습니다.
   → I couldn't hear (anything / something).

    anyone, anything이 긍정문에서 사용되면 각각 '누구라도', '무엇이라도'라는 뜻입니다.

3 코펜하겐에 가 본 사람 있나요?
   → Has (anybody / somebody) been to Copenhagen?

4 제게 어떤 것이라도 부탁하십시오.
   → You can ask me for (anything / something).

5 저는 인터넷에서 읽는 것은 무엇이든 믿지 않습니다.
   → I don't believe (anything / something) that I read on the Internet.

정답 1 something important 2 anything 3 anybody 4 anything 5 anything

every day와 everyday

everyday는 '매일의', '일상의'라는 뜻으로, 명사를 수식하는 형용사입니다.
The item can be used for everyday chores.
이 물건은 일상적인 집안일에 사용될 수 있습니다.

every day는 '날마다', '매일매일'이란 의미의 부사구로, 부사 역할을 하며 each day와 대체해서 사용할 수 있습니다.
I go to work every day. 저는 매일 출근합니다.

○ 다음 괄호 안에서 맞는 표현을 골라 보세요.

1 이 자켓은 **매일** 입기 좋습니다.
   ➡ This jacket is good for (everyday / every day) wear.

2 저는 **매일** 정오에 낮잠을 잡니다.
   ➡ I take a nap at noon (everyday / every day).

3 대중 앞에서 말하는 것은 **일상**대화와는 다릅니다.
   ➡ Public speaking is different from (everyday / every day) conversation.

4 저는 **매일** 제 미래에 대해 생각합니다.
   ➡ I think about my future (everyday / every day).

정답 1 everyday 2 every day 3 everyday 4 every day

198 this와 that

Step 1 개념잡기

this는 가까이 있는 물건 혹은 현재나 미래에 발생한 사건을 가리키는 경우에 사용됩니다. 복수 명사 앞에서는 these를 사용합니다.

My passport is going to expire **this** summer.
제 여권은 올 여름에 만료가 됩니다.

that은 멀리 있는 물건이나 먼 과거에 발생한 사건에 사용하며, 거리감을 나타내기 위해 there(저곳에)라는 단어와 같이 쓰는 경우가 많습니다. 복수 명사 앞에서는 those를 사용합니다.

Jack owned **that** house over the hill.
잭이 언덕 위의 집을 소유하고 있습니다.

Step 2 연습문제

○ 다음 괄호 안에서 맞는 표현을 골라 보세요.

1 이것이 도움이 되었으면 좋겠습니다. → I hope (this / that) helps.

2 이것은 저의 꿈의 집입니다. → (This / That) is my dream house.

3 이 분들은 제 가족입니다. → (This / That) is my family.

4 그것은 제 의견입니다. → (This / That) is my opinion.

5 저는 과거에 온갖 일을 다 겪었고 **그로** 인해 지금의 제가 만들어 졌습니다.
 → I went through a lot in the past and (this / that) made me who I am now.

6 이 간단한 조언은 당신이 원하는 직업을 가질 수 있게 도와줄 것입니다.
 → (This / These) simple tips help you land a job you want.

7 그 책들은 제 것이 아닙니다.
 → (That / Those) books don't belong to me.

○ 정답 1 this 2 This 3 This 4 That 5 that 6 These 7 Those

 199 | 콩글리시를 잡자 1

Step 1 개념잡기

우리나라 사람들이 흔히 잘못 사용하는 영어 표현은 아래와 같습니다.

잘못된 표현	옳은 표현	잘못된 표현	옳은 표현
hand phone (핸드폰)	cell phone	CF(광고)	commercial / advertisement
dutch pay(더치페이)	pay separately	A/S(A/S)	warranty service
Y-shirt(와이셔츠)	dress shirt	vinyl bag(비닐봉지)	plastic bag
sun cream(선크림)	sunscreen	cunning(커닝)	cheating

Step 2 연습문제

○ 다음 괄호 안에서 맞는 표현을 골라 보세요.

1 수많은 비닐봉지가 만들어지고 폐기됩니다.
   ➡ Millions of (vinly bags / plastic bags) are produced and discarded.

2 방금 TV 광고 촬영을 끝냈습니다.
   ➡ I have just finished my TV (CF / commercial) shoot.

3 저는 매일 선크림을 바릅니다.
   ➡ I apply (sunscreen / sun cream) every day.

4 친구들을 만날 때 우리는 항상 더치페이합니다.
   ➡ When I go out with friends, we always (dutch pay / pay separately).

○ 정답 1 plastic bags 2 commercial 3 sunscreen 4 pay separately

Point 200 콩글리시를 잡자 2

Step 1 개념잡기

이어서 우리 나라 사람들이 흔히 잘못 사용하는 영어 표현을 배워 보겠습니다.

잘못된 표현	옳은 표현	잘못된 표현	옳은 표현
lens(콘택트 렌즈)	contact lens	fighting(화이팅)	Keep it up
talent(탤런트)	actor / celebrity	handle(핸들)	steering wheel
homepage(홈페이지)	website	salary man(회사원)	office worker
gagman(개그맨)	comedian	back number(백넘버)	uniform number
air con(에어콘)	air conditioner	one piece(원피스)	dress

Step 2 연습문제

○ 다음 괄호 안에서 맞는 표현을 골라 보세요.

1 저는 에어콘 온도를 높였습니다.
  → I turned up the (aircon / air conditioner).

2 그는 평범한 회사원입니다.
  → He is an ordinary (salary man / office worker).

3 개그맨 짐 리 씨가 자동차를 훔친 혐의로 체포되었습니다.
  → (Gagman / Comedian) Jim Lee has been arrested after stealing a car.

4 저는 시력 교정을 위해 콘텍트 렌즈를 낍니다.
  → I wear (lenses / contact lenses) to improve my eyesight.

정답 1 air conditioner 2 office worker 3 Comedian 4 contact lenses

Review

다음 괄호 안에서 맞는 표현을 골라 보세요.

1. 저희 집은 **너무** 작아서 가구를 들여 놓을 수 없습니다.
   → My house is (too / so) small to fit any furniture.
   hint too~ to…는 '너무 ~해서 …하지 못하다'라는 뜻입니다.

2. 저는 형제가 둘 있는데, 한 명은 저보다 3살 어리고 **다른 한 명**은 4살 어립니다.
   → I have two brothers, one three years younger and (the other one / another one) four years younger.

3. 저는 실수를 **몇 가지** 발견하고 화가 났습니다.
   → I felt upset when I found (a few / a little) mistakes.
   hint 셀 수 있는 명사 앞에는 few/a few를, 셀 수 없는 명사 앞에는 little/a little을 씁니다.

4. **매일**이 축복입니다.
   → (Everyday / Every day) is a blessing.

5. 당신에게 **정말** 감사드립니다.
   → (Many / Much) thanks to all of you.
   hint 셀 수 있는 명사 앞에는 many를, 셀 수 없는 명사 앞에는 much를 씁니다.

6. 제 친구 **대부분이** 연인이 있습니다.
   → (Most of / Almost) my friends are in a relationship.

7. 제 **와이셔츠**를 드라이클리닝해야 합니다.
   → My (Y-shirt / dress shirt) needs to be dry cleaned.
   hint 와이셔츠의 올바른 영어 표현은 dress shirt입니다.

8. 저는 **핸드폰(휴대폰)** 중독입니다.
   → I am a (hand phone / cell phone) addict.

모범 답안

1 too small 2 the other one 3 a few 4 Everyday 5 Many 6 Most of
7 dress shirt 8 cell phone